COMMENT *vivre avec* une anorexique

Dans la même collection

Comment vivre avec une personne atteinte de la maladie d'Alzheimer,
Docteur Michèle Micas.

Comment vivre avec un déprimé,
Docteur Jean-Marie Vanelle.

Comment vivre avec un enfant asthmatique,
Professeur Jean Paupe.

Comment vivre avec un malade cancéreux,
Sylvie Pucheu et Manette le Lauzet.

Comment vivre avec un cardiaque et un hypertendu,
Docteur Jean-Louis Jullien.

Comment vivre avec un malentendant,
Docteur Philippe Lafosse et Gérard Challier.

Comment vivre avec un enfant trisomique,
Françoise Lejeune-Phélipot.

Comment vivre avec un diabétique,
Professeur Georges Tchobroutsky.

Comment vivre avec un alcoolique,
Docteurs Alain Sarda et Alain Raab.

Comment vivre avec une personne aveugle, (de la naissance au 4e âge),
Antoinette Berveiller.

Comment vivre avec un épileptique,
sous la direction du docteur Jallon.

Comment vivre avec un rhumatisant,
Professeurs Liana et Gérard Ziegler.

Comment vivre avec une personne atteinte d'un handicap moteur,
Pierre Brunelles.

Comment vivre avec un anxieux,
R.-M. Bourgault et V. Leclerc.

Comment vivre avec un handicapé respiratoire,
Docteurs Pretet, Thomas et Pignier.

Comment vivre avec une personne atteinte par le virus du sida (de la séropositivité au sida déclaré),
Pierre Kneip.

Docteur Gilles AGMAN
Annie GORGÉ

COMMENT *vivre avec* une anorexique

Préface du professeur
Philippe JEAMMET

Éditions Josette Lyon
11 bis, rue Georges-Saché
75014 Paris

ISBN : 2-84319-015-0

PRÉFACE

L'anorexie mentale demeure à bien des égards une énigme. Comment des jeunes filles si douées, si raisonnables, qui ont le plus souvent « tout pour plaire et être heureuses », peuvent-elles être conduites à de telles extrémités et à maltraiter leur corps au point de pouvoir mourir d'inanition alors même qu'elles affirment une volonté aiguë de vivre?

On peut cependant mieux comprendre les motivations profondes comme les facteurs de vulnérabilité qui sont susceptibles de favoriser l'apparition de tels comportements à l'adolescence. On sait surtout qu'il n'y a pas un traitement univoque de ce trouble du comportement. L'amélioration et la guérison complètes sont favorisées par un ensemble de mesures. Parmi celles-ci, le travail avec les parents et l'évolution de l'ambiance et des relations au sein de la famille apparaissent de plus en plus comme une pièce essentielle du dispositif thérapeutique.

Dans cette véritable épreuve que représente l'anorexie mentale, la famille immédiate, parents et fratrie, et parfois grands-parents, sont impliqués différemment mais pas moins que la patiente elle-même. Ils le sont d'autant plus que la sensibilité particulière de ces patientes aux attitudes des autres et leur dépendance affective à l'égard du milieu familial sont majeures.

Cette implication n'est qu'exceptionnellement le fait d'une « cause précise », d'un traumatisme ou d'une « faute » quelconque de la part de l'entourage. Elle est en général multiple et complexe et résulte de ce tissage de liens affectifs subtils dont sont faits les rapports familiaux et dont l'éducation et le développement d'un enfant sont le produit.

Il n'y a pas de « famille type » de l'anorexie mentale pas plus que n'existe une personnalité type d'anorexique. L'anorexie est plutôt une conduite adaptative, une sorte d'auto-thérapie désespérée par un contrôle forcené de l'appétit et des envies devant ce qui apparaît, aux yeux de la patiente, comme une menace d'être débordée et de perdre pied. Mais plus ce comportement s'installe, dure et s'organise, plus il prend d'importance et plus il réorganise toute la personnalité autour de lui. Tel un cancer mental, il absorbe toute la vie psychique, les intérêts, les relations de la patiente. Au bout de quelques mois, rien ne ressemble autant à une anorexique qu'une autre anorexique, au point qu'on en arrive à réduire leur identité à leur comportement, et on parle d'une anorexique et non d'une jeune fille qui présente à un moment donné de son évolution une conduite anorexique. Car ces jeunes filles ont plus de différences entre elles que de ressemblances avant et après leur anorexie.

Il en est de même pour la famille. L'installation d'une conduite anorexique parmi l'un de ses membres contribue à renforcer certaines caractéristiques du milieu familial et à les rendre caricaturales et par là même pathogènes, c'est-à-dire renforçant l'anorexie. De même que la patiente anorexique, tel quelqu'un qui coule, s'agrippe d'autant plus à son comportement qu'elle a le sentiment de perdre pied et de se marginaliser, la famille se focalise et se crispe sur ce comportement au fur et à mesure qu'il dure et l'inquiète. On assiste alors au renforcement de ces caractéristiques familiales en elles-mêmes relativement banales, faites de liens d'attachement forts mais plus fondés sur l'inquiétude, l'agrippement réciproque, la vérification, l'insatisfaction, la recherche de performance, la nostalgie du passé, la peur de la nouveauté, le refus des conflits, que sur la confiance réciproque, la recherche de plaisirs partagés, l'ouverture vers l'extérieur, la dédramatisation des situations. Il se met en place une sorte de lien en nœud coulant où plus les parents essaient de tirer leur fille hors de l'anorexie, plus celle-ci étouffe et ne retrouve un sentiment de force et de liberté qu'en s'enfonçant davantage dans sa conduite paradoxale. Paradoxale, car c'est en risquant la mort que cette jeune fille, qui cherche à s'affirmer et non pas à mourir, a le sentiment de vivre enfin et de trouver sa liberté.

L'important, on le conçoit, c'est que la famille s'implique pour reconnaître le caractère dangereux de cette conduite et refuser d'en être complice. Sans le soutien ferme des parents, peu de traitements pourront être efficaces c'est-à-dire durer le temps nécessaire pour que l'adolescente trouve un autre moyen d'exprimer ce qu'elle a à dire qui ne mette pas en danger sa vie et son développement psychique et physique. Mais un soutien efficace passe par la nécessité d'ouvrir la situation et de faire appel à des tiers qualifiés, les professionnels, qui ne soient pas partie pre-

nante dans les liens familiaux. C'est le meilleur moyen de desserrer ces liens devenus pathogènes et indigestes parce que trop nécessaires et trop univoques. Ouvrir l'espace clos familial, détendre ce nœud coulant, ramener du jeu, de l'espace, de l'air sous des formes qu'il va falloir savoir trouver et varier, constituent les outils thérapeutiques essentiels. Cela oblige les parents à renoncer à vouloir régler seuls la situation. Ils seraient d'autant plus tentés de le faire qu'ils se sentiront en faute et coupables et voudront racheter « leurs erreurs » par un surcroît d'attention qui ne fait qu'aggraver la situation. C'est la dépendance trop exclusive au milieu familial qui rend celui-ci indigeste, et non le fait qu'il soit intrinsèquement mauvais.
La pratique depuis près de trente ans d'un groupe de parents de patientes anorexiques nous a beaucoup aidés à mieux comprendre les difficultés et les risques inhérents à la vie familiale et à l'éducation. C'est l'importance et la nécessité de liens forts aux parents qui rendent si indispensable l'ouverture à des tiers. La différence père/mère au sein du couple en est la forme première et essentielle; celle avec la famille élargie, les frères et les sœurs, en sont des succédanés. Mais ces liens ne sauraient suffire : l'ouverture vers les autres, les professeurs, les camarades, le monde, est indispensable pour l'épanouissement de l'individu. Plus on est dans une relation de sécurité confiante avec son entourage, plus cette confiance sera facile à exporter sur les autres. Plus on est dans des liens imprégnés d'anxiété, plus inquiétante sera la rencontre avec le monde. Le repli sur soi et sur la famille conduit inévitablement à la nécessité de trouver d'autres formes de tiers : les comportements d'attaque de soi-

même, de sabotage de ses capacités en sont une des formes privilégiées à l'adolescence.

Depuis que le service s'occupe des troubles du comportement alimentaire, le docteur Agman et madame Gorgé, psychologue, s'efforcent d'établir cette alliance thérapeutique et d'apporter aux patients et à leur famille leur compréhension et leur compétence. Ils sont donc particulièrement qualifiés pour tenter de faire partager leur expérience, en espérant qu'elle sera comprise et utile aux intéressés. Je tiens à les en remercier chaleureusement ainsi que de la qualité de leur collaboration et de celle de toute l'équipe soignante qui est partie prenante de ce travail.

Je tiens à remercier également tous les parents et tous les patients et les patientes pour ce qu'ils ont bien voulu partager avec nous, et particulièrement tous ceux qui, des années après l'épisode difficile de l'anorexie, veulent bien nous donner des nouvelles et nous aider par leurs réflexions à essayer de mieux répondre aux besoins et aux attentes de chacun.

Professeur JEAMMET

INTRODUCTION

L'anorexie mentale n'est pas une maladie chronique avec laquelle les patients et leur entourage devraient composer pour « vivre avec ». C'est un comportement dont les conséquences peuvent être, certes, graves pour la santé mais de telle manière que les déséquilibres tant physiques que psychologiques ne sont pas définitivement fixés ; ils sont au contraire réversibles. Cette conduite pathologique maintient dans un équilibre instable des mouvements psychiques contradictoires. Si chacun s'accommodait de « vivre avec », alors le risque serait grand de voir cette situation devenir stable, fixée, chronicisée, et il ne serait plus possible de « vivre sans ». On peut saisir l'essentiel de cette contradiction si l'on comprend que c'est parce que les anorexiques ont le sentiment d'avoir trop d'appétit de vivre qu'elles ne mangent pas. L'issue de ce piège est en grande partie indiquée par la façon dont la patiente, sa famille et les soignants vont s'organiser pour ne pas vivre avec l'anorexie.
Pathologie de la dépendance et du lien, l'anorexie mentale pose aussi la question pour les parents de

« vivre sans » l'anorexique, de supporter son autonomisation progressive, une prise de distance relative.
Mais la silhouette filiforme et décharnée de l'anorexique fascine autant qu'elle inquiète. A-t-elle une place particulière dans l'expression d'un « malaise dans la civilisation » de la fin du deuxième millénaire? Quotidiennement, les journaux et magazines féminins exposent les silhouettes de top models représentant un idéal anorexique de minceur à côté des multiples recettes hygiéno-diététiques pour y parvenir, et pendant que des « spécialistes » vantent les produits miracle conçus par des laboratoires pour couper la faim, éliminer les kilos, et effacer les rondeurs.
Nous décrirons la manière dont l'anorexie mentale se présente actuellement le plus souvent, c'est-à-dire chez la jeune fille.
Notre propos est surtout pour sa famille d'aider à repérer comment on se trouve vivre avec une jeune fille qui devient anorexique.
Enfin, quand le piège commence à se refermer, comment vivre avec une patiente anorexique, c'est-à-dire comment l'aider à se soigner et avec qui.

Chapitre 1

L'ANOREXIE MENTALE HIER ET AUJOURD'HUI

L'ANOREXIE SERAIT-ELLE LE MAL DU SIÈCLE ?

L'anorexie, la boulimie, l'idéal de minceur, alimentent tout autant les publications médicales, psychologiques, sociologiques et scientifiques, que la presse et les médias de grande diffusion. Il devient difficile actuellement de ne pas avoir sous les yeux le dernier régime à la mode, les publicités dans les magazines, sur les murs ou à la télévision, la dernière technique de gymnastique, voire de chirurgie à visée amincissante. Difficile aussi de ne pas suivre les aventures le plus souvent dramatiques d'un certain nombre de jeunes filles à la recherche d'une silhouette idéale.
L'accroissement de la fréquence des troubles des conduites alimentaires n'est que l'un des reflets de cet engouement pour tout ce qui pourrait modeler l'image du corps. En effet, si ces troubles sont connus et décrits depuis l'Antiquité et tout au long de l'histoire, avant même leur individualisation en tant que syn-

drome pathologique, leur développement actuel est lié à celui du mode de vie d'une société occidentalisée qualifiée de société de consommation.
Ils sont, de fait, plus fréquents dans les pays occidentaux favorisés, en Amérique du Nord et au Japon. Ils sont actuellement beaucoup plus rares dans les pays pauvres et dans les sociétés traditionnelles fortement structurées où les repères sociaux sont particulièrement marqués. C'est ainsi que l'anorexie mentale ne se manifeste pratiquement pas en Afrique, alors qu'elle concerne les familles noires de niveau socioculturel élevé aux États-Unis. Plusieurs remarques méritent d'être ici introduites : les régimes alimentaires des populations les plus pauvres privilégient les aliments les plus gras et les plus énergétiques alors que ceux des pays riches comportent le plus possible d'aliments réputés « allégés », « non gras »; par ailleurs, l'investissement du corps dépend beaucoup des techniques de maternage, et celles-ci comportent des contacts corporels très proches dans les sociétés les plus traditionnelles.
Des descriptions des anciens auteurs permettent de reconnaître des tableaux de boulimie depuis Galien (IIe siècle) et d'anorexie mentale depuis Avicenne (XIe siècle).
Il est intéressant de remarquer que, depuis la classique description clinique de Richard Morton en 1694 de la « phtisie nerveuse », les tentatives de compréhensions physiologiques ou psychologiques, et donc les modalités thérapeutiques, ont toujours été dépendantes de la vogue d'un modèle explicatif dominant la pensée scientifique à un moment donné. C'est ainsi qu'à partir du XIXe siècle, on peut voir se succéder la vogue

de l'hystérie et l'intérêt porté par Charcot au rôle de l'entourage, et donc de l'isolement, puis la mode des théories purement endocriniennes, bientôt suivie du retour en force des hypothèses psychologiques balayant alors tout le champ de la psychopathologie au-delà de la névrose, de la dépression aux « états limites ».

Chacune de ces phases a laissé des traces pour constituer des images fortes dans la représentation collective de l'anorexique. Ces différentes images coexistent, de même que différentes orientations au sein des équipes de soins, sous-tendant des approches médicales, psychodynamiques ou comportementalistes. Les patientes et leur famille sont donc amenées à naviguer dans des courants qui devraient être plus complémentaires que contradictoires.

Mais si l'anorexie était le mal du siècle, elle devrait nous amener à réfléchir, au travers même des contradictions qu'elle met en lumière, sur ce « malaise dans la civilisation » qui se révèle dans une certaine prévalence de ce qui se voit, de ce qui se mesure, de ce qui se compte, au détriment de ce qui se pense et de ce qui se ressent. Agir plutôt que penser est incontestablement une tentation dangereuse et fascinante, particulièrement à l'adolescence.

« ELLE NE MANGE PAS, ELLE EST TRÈS MAIGRE, ELLE N'A PLUS SES RÈGLES ».

La situation de l'anorexique est classiquement résumée par les trois A : Anorexie, Amaigrissement, Aménorrhée.

Anorexie mentale et troubles des conduites alimentaires

L'anorexie est une conduite active de restriction alimentaire. C'est elle qui annonce le plus souvent le début des troubles.
Elle est, au début, présentée comme un régime alimentaire plus ou moins justifié par un discret embonpoint, des difficultés digestives ou des gastralgies.

Artémise était, il y a deux ans, une grande jeune fille (1,74 m), mince (54 kg), et dont l'appétit de vivre, qui émerveillait son père, était aussi impressionnant à table (5 crêpes salées et 5 crêpes sucrées les soirs de fête) qu'en classe ou dans les marathons où elle était toujours en tête.
Son premier copain l'a alors quittée, lui préférant sa meilleure amie. Celle-ci, comme dans une classique série américaine, se serait alors vantée de son exploit qu'elle aurait attribué à un relatif excès du poids d'Artémise par rapport à elle…
C'est alors qu'Artémise a commencé un « petit régime … » Elle pèse aujourd'hui 37 kg, mesure toujours 1,74 m, et continue à manger de moins en moins…

Contrairement à ce qui est le plus souvent affirmé par l'intéressée, l'anorexie représente une lutte acharnée contre la faim. Ce n'est que très tardivement et très rarement, même dans des formes très graves, qu'une véritable anorexie, c'est-à-dire une perte de l'appétit, pourra s'installer. Mais la reconnaissance de la persistance de cette sensation de faim ne pourra être faite qu'après coup, à la faveur d'une certaine

évolution et avec un grand sentiment de honte.
Cet investissement de la sensation de faim, fait à la fois d'une recherche et d'une lutte, est très caractéristique des anorexiques. On peut en rapprocher leur intérêt exagéré pour tout ce qui concerne la nourriture. Elles ne pensent qu'à « çà » toute la journée, en rêvent la nuit, se passionnent pour la cuisine, monopolisent les fourneaux, collectionnent et recopient les recettes, et nourrissent toute la famille sans participer au repas. Elles volent fréquemment des aliments.
Cette restriction s'associe rapidement à toute une stratégie se traduisant par des comportements alimentaires très particuliers et plus ou moins dissimulés. Les aliments sont triés selon des critères très personnels, parfois attribués à des régimes végétariens ou végétaliens. Le repas peut être interminable du fait d'une mastication sans fin, d'un stockage des aliments dans la bouche suivi d'un rejet clandestin, exécuté avec la dextérité du plus habile des prestidigitateurs.

Certains de ces comportements peuvent avoir des conséquences graves :

- la potomanie, qui peut conduire à l'ingestion d'une dizaine de litres d'eau par jour. Elle contribue à lutter contre la sensation de faim et obéit parfois aux injonctions de certains slogans publicitaires (buvez..., éliminez!). Elle masque la perte de poids mais menace gravement l'équilibre hydroélectrolytique ;
- les vomissements provoqués sont aussi fréquents qu'ils sont le plus souvent dissimulés et déniés farouchement par les anorexiques et leurs parents. À certains moments, ils sont au contraire pratiquement

exhibés comme dans un appel au secours désespéré. Leurs conséquences métaboliques peuvent être gravissimes ;
- les prises, elles aussi dissimulées et dangereuses, de médicaments, diurétiques, laxatifs, anorexigènes (coupe-faim), visent également à limiter les ingestions et à favoriser les éliminations de la nourriture ;
- l'hyperactivité physique, la gymnastique, le jogging, les escaliers plutôt que les ascenseurs, tout est fait, à l'excès, pour contrôler le poids et éliminer le gras.

Une autre Artémise (serait-ce un prénom prédestiné ?) est hospitalisée pour la deuxième fois. Elle a, semble-t-il, compris les enjeux et les dangers de ses conduites alimentaires. Elle mange, dit-elle, normalement. Mais son poids, sans être aussi bas que lors de sa première admission, reste désespérément fixé à un seuil qui la maintient à peine hors de danger.
Elle est toute la journée en mouvement. La nuit, elle dort très peu, et bien souvent l'infirmière la surprend sur son lit en train de faire des abdominaux. Le matin, elle se lève et arpente inlassablement les couloirs. Elle ne s'asseoit jamais. Quand elle s'installe pour dessiner, c'est debout ! Elle est toujours prête à se précipiter pour aller chercher pour tout le monde, un pinceau, la colle, les ciseaux, la gomme…, à l'autre bout de l'atelier. Quand on lui demande de rester assise, c'est une fesse au bord du siège, le dos tendu, qu'elle agite frénétiquement les jambes. Toujours volontaire pour toutes les activités sportives, elle ne comprend pas qu'on lui refuse sa participation au basket, au volley-ball ou aux randonnées en VTT. Elle n'utilise jamais les ascenseurs et ne rate jamais aucu-

ne occasion de monter et descendre les escaliers.
Son pouls est plus lent que celui des coureurs cyclistes les plus entraînés. Ses muscles sont durs, saillants sous la peau. Son père ne comprend pas pourquoi, quand il arrive à l'hôpital, il la surprend si souvent nue devant la fenêtre ouverte de sa chambre, alors qu'il fait si froid, en train de faire sa gymnastique. Au fond de son placard, on a découvert de petits baltères souples qu'elle se fixe aux poignets.
Quand Artémise demande l'autorisation d'aller faire un tour dans le parc, alors que les canards marchent sur le lac gelé, elle est habillée d'un léger tee-shirt aux manches courtes. Elle n'a, dit-elle, pas de pull-over, pas de gants, pas de manteau et se demande vraiment pourquoi elle en aurait besoin. Pourtant, elle aimerait que l'on trouve un traitement pour ses doigts bleus, douloureux et froids.
Comment l'arrêter?
« C'est plus fort que moi », reconnaît-elle dans ses moments de lucidité, « c'est comme une drogue »...

Tout ce comportement de lutte et de restriction se caractérise paradoxalement par son aspect caricaturalement et tragiquement excessif. Il dévoile par là même la silhouette du véritable adversaire qui harcèle l'anorexique : ses appétits dévorants, son avidité, qu'elle pense être insatiables, et qui apparaissent à certains moments au grand jour sous la forme des impulsions et des crises boulimiques. L'échec du contrôle peut en effet se traduire par l'accès de boulimie.
Il s'agit alors de la consommation d'une quantité exagérée d'aliments. Si la boulimie peut exister en dehors

de l'anorexie, les liens entre ces deux comportements sont une donnée clinique évidente. Plus de la moitié des anorexiques présentent, dans l'évolution de leur trouble, des crises de boulimie et des vomissements, soit avant l'installation de la restriction alimentaire, soit en alternance ou de façon concomitante, soit, enfin, lors de l'abandon de celle-ci.

Un accès boulimique se déroule selon un scénario stéréotypé :
- c'est une crise au début brutal et qui survient de façon inexorable et impérieuse jusqu'au malaise physique et au vomissement ;
- une grande quantité de nourriture est ingurgitée frénétiquement, en cachette et en dehors des repas ;
- cette nourriture a pu être délibérément achetée et stockée en prévision de la crise ou au contraire volée de manière impulsive dans le réfrigérateur familial ou dans un magasin ;
- elle répond le plus souvent à un sentiment aigu de solitude ou d'abandon ;
- les aliments sont choisis surtout en fonction de leur caractère bourratif ou particulièrement dégoûtant ;
- l'accès est suivi de vomissements provoqués qui, avec le temps, deviennent automatiques ;
- la fin de l'accès aboutit à un véritable état de torpeur, accompagné de douleurs abdominales violentes et surtout, d'un intense sentiment de honte ;
- cette souffrance ne peut être soulagée que par une accentuation des mesures de restriction ou parfois par la répétition de la crise de boulimie réalisant un véritable « état de mal boulimique ». Certaines anorexiques considèrent que l'absorption d'une quanti-

té infime de nourriture réalise les prémisses (et devient donc l'équivalent) d'une crise de boulimie.

Amaigrissement

Une perte de poids de 10 %, de 25 %, voire de 50 % du poids initial, s'installe plus ou moins rapidement. La brutalité de cet amaigrissement peut représenter, au moins autant que son intensité, un signe de gravité.
L'aspect de la jeune fille est rapidement évocateur. Le corps est efflanqué, les os saillent sous la peau. Toutes les réserves graisseuses physiologiques disparaissent, effaçant toute trace de féminité sur la silhouette : plus de seins, plus de hanches, plus de fesses. La fonte musculaire, impressionnante, est surtout apparente sur les membres décharnés, en « baguette de tambour ». Des œdèmes de carence peuvent, en contraste, gonfler les chevilles. La jeune fille masque le plus souvent (quand elle ne l'exhibe pas !) ce corps effrayant sous d'amples vêtements. Mais le visage alors apparaît d'autant plus cadavérique : les joues sont creuses, soulignées par la saillie des os de la face et souvent par le gonflement (lié aux vomissements) des glandes salivaires situées à l'angle de la mâchoire ; les yeux sont cernés, enfoncés dans les orbites, le nez pincé, bleui par le froid. Les cheveux sont secs et ternes, et tombent parfois par poignées, les ongles sont striés et cassants ; la pâleur du visage, la rougeur et la cyanose des extrémités, la tension artérielle basse, le pouls ralenti, témoignent de la gravité des troubles circulatoires.
Mais la peur de grossir reste aussi vive et amène ces jeunes filles à des mesures, mensurations et pesées

incessantes. Elles continuent à se voir grosses et restent fixées à leur désir éperdu de minceur. Parfois, ce désir est focalisé sur une partie isolée du corps ou du visage : les joues, les cuisses, le ventre, les fesses…
Malgré leur aspect effrayant évoquant des images de camps de concentration, le plus étonnant est la puissance de leur capacité de déni de cette maigreur qui s'accompagne souvent au début, d'un certain degré d'aveuglement des proches et parvient parfois à entraîner l'adhésion de ceux qui les soignent. Un sentiment de bien-être et de triomphe, parfois soutenu par une secrète admiration de l'entourage, souligne bien qu'il s'agit là d'une distorsion profonde de la perception de l'image du corps, mais aussi d'un secteur entier de la réalité et des exigences absolues des conditions de la survie. À aucun moment, sauf extrême, les jeunes filles ne prennent conscience du risque de leur mort. Leur sentiment de toute puissance les amène à penser qu'elles sont immortelles.

Aménorrhée

L'arrêt des règles est l'une des premières manifestations cliniques du dérèglement endocrinien et métabolique de l'anorexie.
Leur réapparition, qui nécessitera une longue période de retour à des conditions d'équilibre métabolique, sera l'un des meilleurs critères de guérison.
Ce profond déséquilibre biologique a d'autres manifestations et surtout d'autres conséquences très importantes. Sur le plan endocrinien, il faut insister sur le blocage fonctionnel de la sécrétion des hormones, dont dépend le pronostic en ce qui concerne la ferti-

lité, la croissance, et la construction même du squelette et des dents. En témoignent les fréquentes caries, l'hypertrichose (hyperpilosité), le développement d'un « lanugo » (duvet sur certaines parties du corps), et surtout l'ostéoporose (fragilisation du tissu osseux) constatée sur les radiographies des os.

L'absence de troubles mentaux majeurs

À cette triade des trois « A », nécessaire au diagnostic, il convient d'associer, tout en le discutant, un quatrième « A » représenté par l'absence de troubles mentaux majeurs.

Il est certes classique d'exclure du cadre de l'anorexie mentale des conduites de restrictions alimentaires sous-tendues par certaines maladies mentales : le refus de manger pourrait aussi correspondre à un délire d'empoisonnement ou à un véritable projet suicidaire dans le cadre d'une très grave dépression.

Il n'en est pas moins vrai que ces troubles des conduites alimentaires s'intègrent à un ensemble d'attitudes psychologiques particulières, qui expriment une difficulté à concilier des désirs contradictoires. Cela constitue un conflit psychique qui amène le plus souvent d'autres symptômes de souffrance associés à l'anorexie.

La vie relationnelle toute entière de la jeune fille est marquée par une tentative de répondre à l'échec de la résolution d'une tâche essentielle à l'adolescence : comment se démarquer de sa famille sans pour autant rompre les liens d'affection? Sa dépendance, notamment vis-à-vis de ses parents, est tellement serrée qu'elle réalise un véritable agrippement.

L'affirmation qu'elles n'ont besoin de rien (pas même de nourriture), ni de personne (surtout pas pour les soigner), est une tentative de nier ces liens tout autant qu'elles nient leur maigreur.

La menace qu'elles font planer sur leur santé et sur leur survie même pourrait être considérée comme l'équivalent d'une véritable prise d'otage. À la manière d'un terroriste, elles exercent une terrible emprise sur leurs parents. Mais elles sont elles-mêmes leur propre otage, à la fois victime et tortionnaire. En cela, la situation évoque un véritable scénario sadomasochique.

L'attitude de défi exprime cette situation de contrainte infligée tout autant à elles-mêmes qu'à leur entourage.

La sexualité, que ce soit dans ses composantes physiologiques, de comportement ou de désir, semble avoir disparu. Il n'est pas rare que le début de l'anorexie succède à l'ébauche d'un premier émoi amoureux ou érotique.

Adélaïde avait 16 ans quand, pour la première fois, elle a accepté de partir avec un groupe d'adolescents pour un séjour de ski, loin de ses parents. C'est quelques minutes après le départ, dans le couloir du train, qu'elle a croisé le regard du garçon...

Coup de foudre!...

Quelques jours plus tard, une première soirée est organisée. On boit un peu, on danse... Eric se fait plus tendre, il entraîne Adélaïde dans une chambre... Il se montre de plus en plus pressant... Adélaïde, très troublée, cède un peu..., ils se caressent, ils s'embrassent..., il veut aller un peu plus loin, trop loin,

Adélaïde refuse, se fâche... Il rompt et ne lui adresse plus la parole jusqu'à la fin du séjour.
Peu de temps après, Adélaïde devrait avoir ses règles... Elles ne viennent pas. Et si, contre toute logique, puisqu'elle « n'est pas allée trop loin », elle était enceinte ?! Et si, malgré tout, comme dans un rêve, comme une somnambule, elle avait cédé... L'aménorrhée s'installe.
Quelques semaines plus tard, Adélaïde reprend contact avec Eric. Ils conviennent d'un rendez-vous à Paris. Adélaïde attend, le cœur battant... Il ne vient pas.

Tout disparaît, même l'activité masturbatoire. Par contre, témoignant de la dimension de maîtrise, peuvent subsister des comportements de séduction, qui passent en grande partie dans ce qui se montre ou même s'exhibe et dans ce qui se voit. Le regard et l'image ont en effet une place centrale. Cette remarque permet d'introduire la difficulté de situer les effets particuliers de la médiatisation par rapport aux différents facteurs influant sur cette symptomatologie (pourquoi les top models sont-ils si minces, et faut-il écrire sur l'anorexie autant de pages que sur les cures d'amaigrissement ?).

• *Qu'en est-il de la féminité ?*

Avec, là encore, la spécificité de chaque cas, on pourrait penser que ce comportement, qui aboutit à gommer les formes féminines de ce corps adolescent, est un rejet pur et simple de la féminité, un désir de ne pas attirer le regard ou l'intérêt des garçons, des hommes.
Les jeunes filles sont pourtant très remarquables et remarquées. Là encore, le corps est traité de manière

extrême, en tout ou rien, à la fois montré dans sa maigreur, dans des tenues vestimentaires qui souvent soulignent celle-ci, à la fois caché dans des surabondances de pulls, d'écharpes, de manteaux qui dissimulent mais aussi mettent en exergue un visage pâle surprenant dans ses yeux grandis.

Carole, squelettique, mais en pull court et collant, se sent persécutée par les regards portés sur elle et en même temps exprime la crainte permanente qu'on l'oublie, qu'il n'y ait plus de place pour elle dans la famille quand elle rentrera.

Le maquillage lui-même est souvent marqué par l'excès. *Louise qui, après plusieurs années de maigreur, va mieux sur le plan pondéral, a repris des activités, a des relations amoureuses, ne supporte pas l'absence de maquillage et de boucles d'oreille; même dans la relation intime avec son ami, elle n'envisage pas possible qu'il la voie sans maquillage : « pour moi, c'est comme indécent, comme s'il me voyait vraiment nue ».*

Dans cette problématique de montrer/cacher le corps, la féminité, on peut noter aussi la fréquence de l'investissement de la danse chez les jeunes filles anorexiques, et/ou la fréquence des troubles alimentaires et de la maigreur chez un grand nombre de danseuses. De même, et là encore, il est probablement très complexe de déterminer où est l'origine de l'extrême minceur de nombreux mannequins femmes. Il semble très réducteur de voir là simplement une issue professionnelle à des troubles du comportement. La ques-

tion de la fascination de la féminité se pose, peut être parfois avec celle de la fascination pour une allure androgyne qui réunirait en une seule personne l'ambiguïté sexuelle.
Il semble donc que ces jeunes filles rejettent parfois apparemment ce qui, corporellement, les féminise, avec l'intensité des contradictions qui les font se priver d'une nourriture à laquelle elles pensent sans cesse, y compris dans leurs rêves.

• *Elles sont pourtant si intelligentes !*

Le fonctionnement intellectuel est classiquement décrit comme excellent. Ce sont en effet, le plus souvent, des élèves remarquables. Mais elles sont beaucoup plus repérées pour leur méticulosité, leur perfectionnisme, le caractère insatiable de leur curiosité mais aussi leur besoin de vérifier qu'elles ont « tout » appris, que pour de véritables capacités de création ou d'invention. On peut véritablement parler de « boulimie » d'apprentissage (comme il existe chez certains enfants des « anorexies » scolaires). L'intellectualisation permet un véritable blindage contre l'affectivité. Quand il sera moins nécessaire de lutter contre les sentiments, on pourra voir diminuer le rendement scolaire et l'on pourra même paradoxalement, parfois, se réjouir de la diminution des notes...

• *Et la dépression ?*

L'angoisse et la dépression, si elles sont masquées par la conduite anorexique, sont rarement absentes de l'évolution. Le vécu intime de dévalorisation, le sentiment intense de se sentir « vide à l'intérieur », constant chez ces jeunes filles brillantes, se rapproche de la problématique dépressive, même si l'on n'en retrouve pas d'expression symptomatique. L'hyperactivité, l'insomnie, l'état d'excitation psychique souvent décrit comme un très surprenant bien-être, peuvent être compris comme de véritables défenses contre la dépression, de même que le vécu d'indignité qui suit les épisodes boulimiques ou l'abandon du contrôle anorexique peut évoquer un mouvement mélancolique. Des tentatives de suicide peuvent ainsi, plus souvent qu'on ne le dit classiquement, émailler l'évolution, ainsi que différentes mises en actes comme les fugues, la kleptomanie, ou la consommation de toxiques (surtout quand les conduites boulimiques prennent le devant de la scène).

Des troubles anxieux, à type de phobies sociales (peur de sortir seule, peur des groupes), ou de troubles obsessionnels (ruminations, manies, rituels), qui envahissent parfois l'esprit et le comportement, sont décrits dans plus de la moitié des cas d'anorexies mentales. Tous ces symptômes sont à comprendre comme des tentatives, au même titre que l'anorexie elle-même, de sortir de l'impasse constituée par les conflits psychiques mis en jeu par la problématique de dépendance.

ET QUAND L'ANOREXIQUE EST UN GARÇON ?

La survenue de troubles des conduites alimentaires, et plus particulièrement d'anorexie, chez un garçon, est une situation rare et troublante.

On considère en effet qu'elle ne concerne qu'un garçon pour dix filles.

Cette différence de fréquence n'est que l'une des mani-

festations de ce qui ne pourrait être qu'une évidence : les hommes et les femmes ne sont pas en tous points semblables, et leur évolution tant physique que psychologique n'est ni identique ni même symétrique.
Les différences constitutionnelles (chromosomiques, anatomiques, physiologiques) se prolongent et se complexifient au travers de la constitution de l'identité sexuelle de chaque individu, pour aboutir le plus souvent à des évolutions différentes de la personnalité et du rôle social.
Les achoppements de cette évolution se traduisent habituellement de manière différente pour les garçons et pour les filles. À l'adolescence, celles-ci sont plus tentées de retourner directement contre elles-mêmes et leur propre corps les mouvements agressifs (tentatives de suicide, anorexie mentale) alors que ceux-là attaquent plus volontiers leur environnement (violence, délinquance, toxicomanie).
Quand un garçon manifeste sa souffrance par une anorexie mentale, le trouble vient justement de ce que par là, même les repères de ces différences s'effacent. Beaucoup d'autres considèrent en effet que l'anorexie mentale du garçon est pratiquement semblable à celle de la fille, que ce soit sur les plans clinique, évolutif et thérapeutique. L'uniformité de la conduite viendrait donc abraser les différences les plus habituelles.
Certes, on peut décrire les mêmes comportements de restrictions alimentaires mais en soulignant la particulière intensité de la composante boulimique (des conduites d'alcoolisation ne sont alors pas rares).
De même, l'amaigrissement et la peur de grossir sont comparables. Mais plus encore que pour la fille, l'angoisse du garçon est d'avoir un corps « mou ». L'horreur

des grosses fesses, des grosses cuisses, mais surtout du gros ventre, le terrifie autant qu'elle (pour les deux, l'image du corps de la mère enceinte est l'une des représentations redoutées).

On a pu, enfin, pour retrouver l'équivalent de l'aménorrhée, insister sur la disparition totale des érections et de toute manifestation de désir sexuel.

Mais de fait, l'expérience montre souvent qu'une même conduite recouvre tout particulièrement chez le garçon des difficultés psychologiques qui peuvent être profondes. Elles touchent généralement aux racines les plus enfouies de l'identité et entraînent le plus souvent des doutes très douloureux concernant l'identité sexuelle. Certains garçons anorexiques ne sont pas intimement persuadés d'être des garçons, d'autres luttent douloureusement contre d'intenses pulsions homosexuelles.

C'est dans ce sens qu'il nous semble important de reconnaître, au-delà de comportements stéréotypés, des situations individuelles très diversifiées et donc d'admettre que, contrairement aux apparences, un garçon et une fille, même anorexiques, sont différents l'un de l'autre.

Octave est né dans un tel imbroglio familial entremêlant les deux générations précédentes, que la seule théorie qui pourrait le satisfaire serait de s'être engendré de lui-même. Dès sa naissance, il est passé d'un jour à l'autre des bras de sa mère à ceux de son père, de sa grand-mère ou encore de sa tante, sans que jamais les rôles de chacun n'aient pu être différenciés. Il garde ainsi jusqu'à ce jour le sentiment de n'avoir été qu'une poupée de chiffon sans réelle exis-

tence, transbahutée de l'un à l'autre en fonction de caprices incompréhensibles. Plutôt gâté, il n'a pas le souvenir d'avoir jamais reçu quoi que ce soit qui corresponde à son propre désir. Il se revoit souvent seul, inerte, vide, attendant passivement qu'on vienne l'emmener ici ou là, même pas comme un chien, presque comme un objet. Il était donc très sage, et faisait ainsi le bonheur de toute la famille. Personne ne s'est aperçu du fait qu'à l'âge de deux ou trois ans, il s'arrachait les cheveux par poignées. Plus tard, vers l'âge de seize ans, personne non plus n'a remarqué qu'il commençait à rechercher l'ivresse dans l'alcool, la drogue ou plus souvent l'orgie boulimique. Il a donc fallu attendre qu'à la veille du bac et de ses dix-huit ans, il cesse complètement de manger, jusqu'à perdre plus de vingt kilos, pour entendre son cri de détresse. Octave a le sentiment dans son corps squelettique d'avoir un horrible ventre rond et mou. Son idéal n'est pas non plus le corps de l'athlète, mais celui d'une fille filiforme. Il ne veut pas être cette fille, et pas non plus l'avoir, il ne voudrait être ni l'un ni l'autre ou être les deux à la fois.

QUEL AVENIR ?

Il serait étrange de ne pas s'inquiéter quand on voit une jeune fille s'engager dans une telle situation. Mais que doit-on le plus redouter pour son avenir?

Les enjeux de l'évolution

Les enjeux de l'évolution de l'anorexie sont autant en relation avec les conséquences somatiques des troubles du comportement alimentaire qu'avec les difficultés relationnelles et affectives qu'ils expriment.

Guérison ?

C'est ainsi que, si l'on ne prend en considération que les troubles les plus apparents, résumés dans la triade anorexie, amaigrissement, aménorrhée, on pourra parler de guérison dans 60 à 80 % des cas, après un temps d'évolution très variable, le plus souvent de plusieurs années, rarement inférieur à quatre ans. Une évolution favorable reste possible jusqu'à quinze années et plus après le début des troubles.
Par contre, si l'on tient compte de l'ensemble de l'évolution psychologique, affective et relationnelle, dans plus de la moitié des cas persistent des troubles mêlant l'anxiété, la dépression et intervenant surtout dans le champ de la vie intime, amoureuse et sexuelle, ce qui contraste souvent avec une bonne insertion professionnelle.

Rechutes ?

Cette longue évolution ne se fait que très rarement de manière linéaire. Des moments de régression, de stagnation, ne doivent pas être considérés sur le modèle d'une maladie somatique comme une rechute. Ces moments évolutifs sont parfois nécessaires dans leur répétition même pour permettre que se fasse un véritable « travail psychique » et que se trouvent des voies de dégagement.

Gravité ?

Les complications somatiques à court ou à long terme ne sont pas à négliger. Les troubles métaboliques, notamment, l'hypokaliémie (baisse du taux de potassium dans le sang pouvant entraîner des troubles du rythme cardiaque), les troubles immunologiques (altérations des mécanismes de défense de l'organisme contre les agressions extérieures) et leurs conséquences infectieuses, sont à l'origine d'un certain nombre de décès…

Le risque suicidaire n'est pas négligeable, surtout dans des moments évolutifs où la boulimie est au devant de la scène.

La mort peut donc survenir dans 7 % des cas, ce qui est considérable pour un trouble psychique de l'adolescence.

À plus long terme, des séquelles endocriniennes mettant en jeu la fertilité, la croissance et la constitution du squelette (les complications dentaires sont graves car peu réversibles), sont des éléments importants du pronostic.

Chapitre 2

VIVRE AVEC UNE FILLE QUI DEVIENT ANOREXIQUE, L'AMENER À ÊTRE SOIGNÉE

LA FAMILLE

La famille confrontée à cette situation, va s'interroger, se culpabiliser, tenter de trouver des causes, des responsabilités.
Il faut noter que, même si consciemment, la famille demande un avis pour aider la jeune fille à aller mieux, en même temps, par crainte d'un conflit, d'une séparation, par crainte des changements..., dans un certain nombre de cas, les parents vont rester convaincus que ce qui est proposé au niveau des solutions thérapeutiques n'est pas souhaitable ou pas possible.

« Ah, si seulement ce n'était qu'une maladie somatique ! »

Très à l'écoute de leur fille et à la recherche d'une compréhension de sa situation, un certain nombre de

parents vont adhérer aux rationalisations nombreuses de la restriction alimentaire.
« L'estomac a rétréci et ne peut supporter autre chose que des petites quantités... »
« J'ai du mal à avaler... j'ai des nausées. » Suivent toutes sortes de plaintes sur les douleurs et dysfonctionnement abdominaux.
S'il est, bien sûr, toujours indispensable de prendre un avis médical quant à l'origine d'un amaigrissement, au terme d'un bilan qui élimine une maladie somatique, il est décisif que les parents puissent faire suffisamment confiance au diagnostic posé. Sans leur accord très clairement énoncé, la mise en place et le maintien d'une prise en charge sera la plupart du temps impossible puisque la jeune fille elle-même est le plus souvent incapable de reconnaître qu'elle a besoin d'aide et de soins, et cela, parfois, jusqu'à des situations d'amaigrissement extrême.
L'expression par le corps de difficultés et le déni verbal de tout problème affectif chez la jeune fille vont parfois entrer en résonance avec le désir, chez les parents, de trouver une origine somatique et une réticence personnelle à envisager, pour leur fille et eux-mêmes, une démarche auprès d'un psychiatre.

L'enfance

Dans le souvenir, l'enfance de leur fille apparaît pourtant sans problème : toujours gentille, bonne élève, elle a appris tout ce que l'on a souhaité lui apprendre, au moment où cela lui a été proposé. Elle a souvent été particulièrement satisfaisante, à la maison, à l'école.
« Cette petite fille, pour moi, c'était un rêve », nous dira

la mère d'une de ces jeunes filles pâles qui s'est tout à coup arrêtée de grandir ; *« elle était gaie, vivante, c'était le rayon de soleil de la famille »*.
Bien sûr, il n'y avait entre elle et son entourage que pas ou peu de conflits : *« Pourquoi serait-on entré en conflit avec cette enfant sensible, fine, intelligente, qui faisait toujours ce que l'on attendait d'elle ? »*
« Elle a marché à l'âge normal, a été propre de bonne heure, a toujours été bonne élève, autonome quand on le souhaitait. »
On découvre, derrière cette enfant idéale, une petite fille sensible, sensible intensément à la séparation, sur des modes et à des degrés divers.

La sensibilité à la séparation : de quoi parle-t-on ?

Elle a souvent refusé de quitter la famille, et sans drame apparent, elle y reste, elle y est bien. Elle ne va pas en classe de neige ou en classe verte, préfère que ses amis – ou plutôt sa meilleure amie – viennent chez elle que l'inverse.
Cette sensibilité ne va pas, en général, poser problème, surtout dans l'enfance.
Mais se séparer n'est pas seulement quitter les personnes et lieux familiers : c'est aussi tout ce qui risque d'introduire une différence entre elle et l'autre, avec qui le lien est important. C'est aussi être d'un avis contraire, s'opposer, entrer en conflit, voire aimer autre chose, quelqu'un d'autre, investir ailleurs.
Cette crainte de la séparation, de la différence, lui a souvent rendu nécessaire la présence affective auprès d'elle d'une grande amie exclusive, très semblable.
Cette sensibilité va d'ailleurs souvent être partagée par

ses proches, de même que l'exigence de perfection, le souci anxieux de bien faire, la crainte du conflit.
Il n'est pas rare que l'un des parents retrouve dans son histoire personnelle une sensibilité un peu semblable, parfois un épisode d'amaigrissement, étiqueté ou non anorexique. Certaines fois persiste d'ailleurs une préoccupation alimentaire plus ou moins discrète.
L'adolescence et son approche vont alors, pour elle et son entourage, représenter une difficulté qui surgit dans un ciel serein.

« Ma fille allait très bien, elle a voulu partir en séjour linguistique à l'étranger, un mois... Dans ses lettres tout allait bien... Quand je suis allé la chercher à l'aéroport, je ne l'ai pas reconnue.
« Ma fille maigrit, elle qui avait parfois commencé à être un peu désagréable en famille, est redevenue très gentille, elle travaille plus et mieux que jamais, aide à la maison, fait la cuisine.
« Elle n'est jamais malade, bien qu'elle sorte peu couverte, dit que tout va bien, qu'il ne faut pas s'inquiéter. Mais elle ne mange pas et maigrit. »

Ces témoignages, ces questions, cette inquiétude grandissante de la famille face à ces divers aspects d'un trouble incompréhensible rationnellement, qui ont tous en commun un grand contraste entre les déclarations rassurantes de cette jeune fille sur son non-besoin d'aide, de soin, de repos, de nourriture, de cadeaux, de loisirs, et son corps de plus en plus mince, pâle, décharné, qui ne peut échapper au regard de son entourage.
Seuls ses yeux devenus immenses qui regardent, pen-

dant de longues minutes, les gâteaux aux devantures, laissent apparaître une envie qui va devenir de plus en plus violente avec leur amaigrissement.

Elle ne se prive pas seulement de nourriture mais de tout ce qui, dans la vie d'une adolescente, peut représenter une source d'envie ou de plaisir. Son corps occupe de moins en moins de place mais aussi ses relations amicales, les sorties et tout ce qu'elle appréciait jusqu'alors.

À l'approche de la puberté et des envies nouvelles et multiples qui l'accompagnent, tout se passe comme si, brutalement, elle donnait un terrible coup de frein, comme à l'approche d'un danger : plus d'envies, plus de conflits, plus d'appétits.

Elle semble alors se replier, en particulier vers sa mère, qui va devenir un centre d'intérêt, d'attention, voire de soucis pour elle, qu'elle va parfois remplacer dans ses fonctions et place, allant jusqu'à lui faire manger les bonnes choses dont elle-même se prive.

Un intérêt qui est parfois pénible dans son intensité, mais *« comment lui dire non, alors qu'elle va déjà si mal »*, au risque de la contrarier.

La famille cherche à raisonner ce comportement si déraisonnable, à comprendre les causes.

Sans qu'il s'agisse de cause, on va souvent retrouver dans la période qui a précédé, un événement qui a pu cristalliser, exacerber cette angoisse ancienne de séparation :

- un deuil, la perte d'un des grands-parents ou d'un proche ;
- la meilleure amie qui part ;
- un frère plus âgé qui quitte la famille…

voire des événements « positifs » :

– un voyage à l'étranger;
– les premières vacances en dehors de la famille;
– un premier amour...

C'est un moment qui est vécu comme la fin, peut-être d'un lien, la fin de l'enfance; de cette période où elle a pu, avec sa famille trouver les moyens d'être conforme au « rêve ».

Un petit retour en arrière nous permet de retrouver Adélaïde avant le départ du train, avant ce fameux séjour de ski.

Dans les mois qui ont précédé, Alexandre, le frère d'Adélaïde, plus âgé de deux ans, a rencontré lui aussi son premier amour. Sa sœur était jusque là sa seule confidente, sa complice. Ils se disaient tout, il était son modèle, elle le suivait partout. Mais cette fille est arrivée, si jolie, et Alexandre s'est éloigné. Adélaïde n'était pas jalouse, elle aurait même tant voulu ressembler à cette fille.

Alexandre est devenu moins idéal. Ses résultats scolaires, jusque-là si brillants, sont devenus de plus en plus moyens. Les parents, surtout le père, se sont alors beaucoup mobilisés pour l'aider, pour comprendre, pour le changer d'école, le faire entrer dans un internat. Adélaïde se sentait abandonnée. Son frère a finalement relativement et partiellement « échoué » dans sa scolarité puisqu'il n'a pu intégrer qu'une école de province. Comme son père, il va faire des études d'ingénieur, mais comme lui aussi, si souvent en déplacement, il sera le plus souvent loin de la maison. Avant d'être séduite et abandonnée par Eric, Adélaïde avait déjà vu s'éloigner son frère qui avait, de plus, détourné d'elle l'attention de ses

parents, au travers de ses difficultés scolaires.
Adélaïde se sent seule. Tentant de maîtriser son sentiment d'abandon, elle a choisi de s'échapper à la montagne. Mais elle n'a retrouvé que la répétition de l'abandon. L'anorexie est une réponse qui condense tout cela.
Sa mère aussi se sent seule : le jour de l'admission de sa fille à l'hôpital, elle soupire en faisant remarquer que le même jour elle a dû préparer trois valises :
– celle de sa fille;
– celle de son fils qui s'installe en province;
– celle de son mari qui part encore une fois en voyage.

L'anxiété va resserrer les liens familiaux dans une ambiance lourde de tensions non dites entre les parents et la jeune fille, par crainte d'aggraver son état. Les contacts avec des tiers, les amis, la famille élargie, se restreignent, souvent refusés par la jeune fille elle-même, jusque et y compris les contacts avec des intervenants médicaux.
Le souci d'évitement des conflits empêche souvent les parents d'être fermes pour consulter, d'autant que les déclarations de progrès prochains, la dissimulation de la restriction alimentaire, et parfois de la maigreur, s'accompagnent de succès scolaires qui rassurent.

Désaccord sur les soins

« Moi, je veux bien faire tout ce que vous nous dites, docteur, mais mon mari ne veut rien entendre ! »
Que se passe-t-il quand les parents, séparés ou non, sont d'avis contraire? Il est certain que, pour des situa-

tions aussi complexes, il est de très loin préférable que les parents, séparés ou non, puissent trouver une position commune quant à la décision nécessaire de mise en œuvre de soins, ou quant à la poursuite de ceux-ci. Il est notable que, dans la plupart des cas où une hospitalisation est indiquée mais impossible à accepter ou à poursuivre pour la patiente, on trouve un ou des parents qui sont eux-mêmes soit hostiles, soit très partagés quant aux mesures thérapeutiques.
Il n'est pas rare que dans cette période familiale difficile, l'anorexie de la jeune fille fasse émerger plus nettement des conflits ou désaccords conjugaux, jusqu'alors plus ou moins cachés, plus ou moins formulés : l'anorexie peut parfois devenir comme l'occasion d'éloignement ou de retrouvailles du couple parental. Sans y voir de déterminisme causal, il est évident que représenter, par sa maladie, le moyen de rapprocher ou d'éloigner les parents, ne peut être que très lourd à porter affectivement pour une adolescente qui éprouve déjà tant de difficulté à gérer son propre destin.

L'ÉCOLE

À l'école, tout va bien, trop bien, même.

L'hyperinvestissement

Cet hyperinvestissement scolaire va souvent amener, non seulement la famille, mais même parfois les enseignants, à encourager le seul domaine où la jeune fille semble aller bien : le travail. *« Elle n'a jamais eu d'aussi bons résultats. »* Elle fait alors souvent oublier que ce travail est tout à fait excessif ; là non plus, ce n'est pas le plaisir du travail réussi, mais l'excès de contraintes qui aboutit aux travaux forcés : tard le soir, tôt le matin, pendant tout le week-end.

« Finir l'année »

Elle va aussi souvent « réussir » à convaincre de différer les soins ; *« elle va consulter..., elle se reposera »*, après le contrôle, après le conseil de classe, après l'examen.

L'angoisse qu'elle montre alors devant ces diverses échéances scolaires semble si intense que les adultes qui l'entourent, par crainte d'augmenter cette angoisse souvent très communicative, vont accepter avec la jeune fille de différer les mesures de prudence et de soin qui s'imposeraient ; comme si le piège dans lequel elle est prise et l'énergie avec laquelle elle lutte contre la satisfaction de ses besoins affectifs et physiques les plus élémentaires se refermait également sur son entourage ; comme si la spirale destructrice au cœur de laquelle elle est entraînée et l'agrippement angoissé à cet entourage paralysaient celui-ci et l'empêchaient de percevoir, derrière les déclarations faussement rationnelles : *« je dois travailler, j'ai mangé à la cantine, je vais m'en sortir seule, je mangerai demain, etc. »*, la folie de ces comportements.

« NOUS SOMMES TOUS ANGOISSÉS, QUE FAIRE POUR L'AIDER ? »

Essayer de prendre du recul, de ne pas les suivre dans ce tourbillon d'angoisse ; ce qui est parfois d'au-

tant plus difficile que ces crises d'adolescence particulières surgissent dans la famille durant une période sensible.
Les enfants grandissent, laissant apparaître à l'horizon le moment de leur départ où les parents se retrouveront plus seuls, d'autant que la génération précédente est atteinte par l'âge, la maladie, parfois la mort. Période de vie pour les parents où certains bilans se posent, professionnels, conjugaux.

Nouveau retour en arrière. Bien longtemps auparavant, la mère d'Adélaïde, elle aussi, a eu 16 ans. Lycéenne de seconde, c'est dans sa classe qu'elle a rencontré son mari. Premier amour?... Ses résultats scolaires fléchissent. Un conflit se développe avec ses parents. Peu après le bac, enceinte, elle se marie. Elle choisit de renoncer à son projet de devenir architecte, se sacrifie pour ses enfants et pour soutenir la carrière de son mari. Une femme peut-elle être mère de famille et se réaliser sur le plan professionnel? Adélaïde a résolu, dit-elle, cette question : « je n'aurai pas d'enfants! » Quand Adélaïde atteint cet âge de 16 ans, sa mère voit s'éloigner ses deux enfants et va rester seule à la maison, sans rien d'autre à faire que préparer les valises de son mari voyageur.
L'anorexie et les liens d'angoisse qu'elle tisse sont à la fois une réponse à cette situation et un effroyable piège dans lequel toute la famille est engagée.
Prendre du recul semble donc plus facile à dire qu'à mettre en acte. Devant un avenir vécu parfois comme chargé de quelques nuages plus ou moins sombres, comment rassurer une adolescente qui se comporte comme si ce monde adulte qui s'entrouvre à elle, cet

avenir, était un monde inconnu où elle va avoir elle-même à se situer? Il va falloir choisir, se choisir, en vivant des émotions, des investissements nouveaux et dont l'intensité lui fait d'autant plus peur qu'elle n'est pas prête à se contenter de peu, qu'elle est très exigeante.

Dans sa scolarité, cette exigence l'amène à n'être jamais satisfaite ni de son travail ni de ses résultats, et à la maison, la seule place enviable devient alors souvent d'être comme – parfois même à la place de – la mère. Elle va occuper cette place physiquement, par exemple dans la cuisine, ou dans les vêtements maternels, mais avec un sentiment de culpabilité qui l'empêche d'en profiter : comme une voleuse.

Adélaïde vole d'ailleurs parfois dans les magasins de la nourriture, ou des produits de maquillage, des vêtements, qu'elle va garder, stocker, sans pouvoir en tirer profit ou plaisir.

Plus elle se prive, plus les envies sont violentes et plus il va falloir lutter contre, avec, en arrière-plan – plus ou moins formulé clairement – le fantasme de boulimie tous azimuts : *« si je commence à manger, je ne pourrai plus m'arrêter »*.

Boulimie que parfois elle réalise, et qui est alors à la mesure de l'excès de privation qu'elle s'est imposé, c'est-à-dire excessive, « folle » : elle se met à avaler tout et n'importe quoi, vide le réfrigérateur, mange les réserves de la famille, là aussi en cachette, comme une voleuse; transformant la satisfaction de son désir en punition, en mauvaise nourriture qui ne fait aucun bien, qu'il ne faut pas garder, qui ne donne que sentiment de honte et mésestime de soi.

- ***Comment l'aider ?***

Peut-être en l'« obligeant » à ces satisfactions dont elle se prive dans tous les domaines, comme le contrat de poids pendant les prises en charge médicales l'« oblige » à manger ce dont elle a envie.

La famille peut aider dans tous les autres domaines d'investissement et donc de privations ; obliger à arrêter le travail scolaire en excès, à prendre des loisirs, à accepter de voir les amis, à prendre des vacances en dehors de la famille, parfois avec des jeunes de leur âge, dans des activités qui peuvent les intéresser.

Mais tout cela n'est pas simple. La jeune fille souvent, dans un premier temps, refuse, affirme qu'elle n'en a ni envie ni besoin, que ses camarades ne l'intéressent pas, l'excluent, qu'elle a du travail, que si elle ne travaille pas son contrôle, elle va échouer, etc. Toutes déclarations auxquelles elle croit dans l'instant totalement et qui sont l'expression de son angoisse.

On peut l'aider en reprécisant quelquefois très fermement les espaces de chacun, aussi bien des frères et sœurs que des parents, et cela d'autant plus qu'elle-même montre à quel point elle ne sait plus ce qui lui appartient, ce à quoi elle a droit, d'autant plus que les privations qu'elle vit se doublent, comme un revers, d'une avidité très grande.

On peut l'aider en posant des limites, en lui interdisant d'être ce pâle, maigre, mais terrible tyran familial qu'elle est parfois devenue ; comme chacun sait, les tyrans ne sont pas heureux, menacés en permanence de voir attaquer leur pouvoir, leur territoire, leur vie même.

On peut l'aider en réintroduisant du temps ; l'anorexie ressemble parfois à une tentative désespérée d'arrêter la marche du temps, voire même de retourner en arrière.

Alors, si l'entourage lui aussi se fige, s'arrête, en attendant lui aussi « pour vivre » qu'elle aille mieux, c'est un peu comme si les parents la confirmaient dans l'idée d'un danger à vivre, à avancer dans l'avenir.
Son angoisse devant l'avenir, si elle la voit partagée, amplifiée dans le regard angoissé des personnes qui sont depuis toujours ses repères essentiels, ne peut être alors que fondée.
Les parents doivent non seulement essayer, et c'est souvent très difficile, de lui dire : *« profite de la vie, soit heureuse... nous serons alors heureux aussi »*, mais se donner les moyens de vivre eux-mêmes plus sereinement, plus librement, et c'est bien sûr souvent une tâche ardue. Tout d'abord parce que sur le plan alimentaire, et sur tous les autres, il est certainement très difficile de « garder de l'appétit » et de s'accorder des satisfactions devant son enfant squelettique et privée de tout ; alors, parfois, on accepte l'inacceptable, on est prêt à manger pour elle, prêt à vivre avec elle une situation étouffante, insupportable, parce qu'elle déclare n'avoir besoin ni envie de rien d'autre.
Il est parfois trop difficile pour les familles de prendre ce recul, de continuer à bien vivre, à voir des amis, à prendre des vacances. C'est là où les tiers sont indispensables ; il faut accepter une aide pour elle, même s'il faut formellement lui imposer, et pour soi-même si cette épreuve est trop intolérable.

CONSULTER, QUI, COMMENT ?

Dans cette souffrance, souvent vécue d'abord par l'entourage et en particulier les parents, et niée mais montrée – physiquement – de manière criante, par la jeune fille, il est parfois difficile, paradoxalement, de consulter. Il n'est pas rare que, plus l'amaigrissement devient inquiétant, plus la difficulté à consulter augmente – justement parce que plus la jeune fille maigrit, plus elle va nier son besoin de soin, d'aide, voire même s'opposer de manière violente et démonstrative à toute consultation, au moins en paroles.

Il semble alors que le rôle et la responsabilité des parents soient d'imposer cette consultation ; position ferme, qui fait craindre souvent un conflit, une épreuve de force : *« je ne peux quand même pas la traîner par les cheveux »*.

Or, il apparaît que, dans la grande majorité des cas, une conviction très ferme suffise à ce que la jeune fille, accompagnée de ses parents, se rende à cette consultation.

Il faut savoir que c'est souvent trop lui demander d'attendre qu'elle puisse donner verbalement son accord, mais il est essentiel, dans cette situation, de savoir entendre aussi son « autre langage » : celui de son corps, de sa pâleur, de cette dépendance extrême qu'elle montre sans pouvoir la nommer ni la reconnaître.

Pour consulter, rappelons qu'il est, bien sûr, très important de ne pas trop attendre.

Trop, c'est-à-dire ?

D'une part sur le plan somatique, un amaigrissement majeur, une fatigue évidente, voire des malaises : l'anorexie qui n'est pas, dans les intentions conscientes, suicidaire, reste une maladie grave, mortelle dans un certain nombre de cas.

D'autre part, ne pas attendre trop longtemps non plus dans ces cas où l'amaigrissement reste assez limité, mais où la situation dure et se chronicise, car il est toujours plus difficile, comme dans beaucoup de troubles du comportement, de sortir de ce mode d'expression, de réponse à des difficultés affectives, lorsqu'il est installé : comme un sentier tracé que l'on a emprunté trop souvent.

• ***Qui consulter ?***

Bien sûr, dans cette période d'âge, autour de la puberté, ou parfois avant, le pédiatre peut être le médecin de référence. Il connaît cette jeune fille depuis son enfance et va pouvoir établir une relation de confiance avec elle et ses parents, qui ont été souvent présents jusqu'alors dans la prise en charge pédiatrique.

Le médecin généraliste : médecin qui connaît et suit la jeune fille et sa famille, sera d'une grande aide, soit pour prendre en charge lui-même, soit pour orienter le traitement.

Le nutritionniste va pouvoir jouer son rôle directement au plan de l'alimentation et de la surveillance du poids, en cadrant et en transformant en prescription une alimentation « traitement » et non plus « satisfaction d'envie », ce qui va aider à soulager l'angoisse et une part des conflits internes.

Le gynécologue ou l'endocrinologue seront parfois les premiers médecins consultés, en fonction du désordre hormonal, de l'arrêt des règles, symptôme apparaissant très précocement dans l'anorexie mentale.

Le gastro-entérologue : dans la mesure où les plaintes sont souvent exprimées par la jeune fille sur son fonctionnement digestif en général, douleurs diverses, qu'à la fois elle éprouve et met en avant pour justifier sa difficulté à manger.

Le psychiatre : puisqu'il s'agit de la traduction de l'expression corporelle et comportementale d'une difficulté, d'une souffrance psychologique, affective.

Les différents praticiens auront mission, tout d'abord, de préciser le diagnostic, d'éliminer une pathologie organique autre.

Dans tous les cas, il semble essentiel de consulter en dehors de la sphère familiale ou amicale car ce qui pourrait, là, faciliter apparemment la démarche dans un premier temps, va compliquer plutôt les choses après ; non pas que les amis ou la famille ne puissent apporter un soutien, des avis, mais le tiers consultant devra être dans un lien suffisamment neutre et professionnel avec la jeune fille et son entourage pour ne pas risquer lui-même d'être piégé dans cette situation.

Il est d'ailleurs, de manière banale mais très réelle, souvent plus douloureux ou problématique d'avoir une fille qui devient anorexique lorsque l'on est soi-même médecin, psychologue, soignant en général, comme si les parents qui se trouvent dans cette situation étaient d'autant plus atteints de culpabilité ou de détresse de n'avoir pu, là où ils parviennent à aider leurs patients, éviter « cela » à leur propre enfant. Et dans la continuité de cette complication, ils vont parfois éprouver plus de difficultés à se faire aider eux-mêmes par des collègues.

Les différents praticiens qui ont été cités vont donc soulager la famille de la surveillance du poids et de l'alimentation, prendre les décisions qui s'imposent de bilans, d'indications ou contre-indications, de sport, activités, voyages... et mettre en place en parallèle, s'ils jugent le moment opportun, une psychothérapie individuelle pour la patiente.

Chapitre 3

VIVRE AVEC UNE PATIENTE ANOREXIQUE, PARTICIPER AUX SOINS

L'anorexie est désormais installée et reconnue, au moins par ceux qui « vivent avec » elle. En quoi vont consister les traitements proposés et quelle sera la place de la famille dans ces projets thérapeutiques?

QUELLES MÉTHODES DE SOINS ?

Ambulatoires : en dehors de l'hôpital

Les soins ambulatoires sont ceux qui sont proposés en dehors de toute hospitalisation. À partir de la première consultation, ils vont progressivement s'organiser en un réseau plus ou moins complexe, associant différents intervenants qui auront chacun un rôle spécifique.

Plusieurs points méritent ici d'être soulignés :

Ces consultations doivent intervenir le plus tôt possible dans l'évolution des troubles car le temps est un facteur important pour éviter que des situations mobilisables ne se figent.

Elles doivent toujours précéder le recours à l'hospitalisation, qui ne doit pas être considéré comme le seul possible. L'ordre d'entrée en scène des différents acteurs tiendra compte des particularités de chaque cas et de l'équipement de chaque région. Il n'y a donc pas de modèle unique, ni de protocole exclusif de traitement des troubles des conduites alimentaires.

Le corps est le lieu d'expression privilégié de ces troubles, les médecins somaticiens seront donc le plus souvent les premiers concernés.

Le médecin de famille, à supposer qu'il en existe encore, qu'il soit généraliste ou pédiatre, devrait jouer un rôle essentiel de prévention, de dépistage, de soins, de surveillance, d'orientation, puis de garant de la continuité du projet de soins tout au long de l'évo lution.

Différents spécialistes pourront ensuite être consultés : gynécologues, endocrinologues, diététiciens. Leur intervention, dont le champ peut être plus ou moins étendu en fonction de chaque cas et de la formation de chacun, ne saurait être considérée que comme intégrée à un ensemble prenant en compte les composantes psychologiques et familiales de ces situations. Les réponses spécifiquement somatiques, et notamment les prescriptions médicamenteuses, ne peuvent être que des compléments éventuellement utiles, ou des traitements des complications de la maladie.

Il est indispensable de permettre l'abord des difficultés psychologiques.

Des consultations psychiatriques, articulées avec la surveillance somatique, permettront d'évaluer les différentes composantes individuelles et familiales des conflits afin de proposer des réponses adaptées et d'en suivre l'évolution.

Différentes formes de psychothérapies pourront être envisagées.
On peut schématiquement différencier deux types de psychothérapies :

- les psychothérapies d'inspiration psychanalytique se réfèrent à un modèle de compréhension du fonctionnement mental reconnaissant l'existence de conflits inconscients ;
- les psychothérapies d'inspiration cognitivo-comportementale prennent en considération les comportements et la manière dont ils peuvent être progressivement modifiés par des conditionnements ou des apprentissages.

Les psychothérapies individuelles sont celles qui concernent la patiente indépendamment de son environnement familial. Cette approche suppose que la part de chacun dans les conflits révélés par les troubles alimentaires ait pu être au moins en partie délimitée. Elle ne peut se concevoir que si, par ailleurs, les aspects somatiques et familiaux sont pris en compte par un consultant. Cette double prise en charge, bifocale, est une condition essentielle pour l'établissement d'un projet de soins cohérent. Cet aménagement permet de circonscrire un champ spécifique pour le travail de psychothérapie, protégé de toute interférence avec l'environnement ; l'entourage familial ne devra pas y avoir accès. Ce modèle suppose donc que soient soigneusement précisés le rôle de chacun, le mode de prise en charge et tout particulièrement de paiement : par la patiente elle-même, par les parents, avec intervention d'un tiers payant, ou dans un cadre institutionnel.

Les psychothérapies individuelles d'inspiration psychanalytique sont proposées plus souvent en face à face que dans le cadre de la cure type (allongée sur un divan). Le thérapeute établira pour chaque cas un cadre définissant le rythme, la durée et le mode de paiement des séances.
Le psychodrame psychanalytique individuel représente un aménagement particulier de ce cadre psychothérapique : la patiente est reçue par un groupe de psychothérapeutes qui vont aborder avec elle les conflits psychiques au travers de leur expression par le jeu dramatique. Cette technique est particulièrement adaptée au traitement des adolescents.
La psychothérapie de relaxation psychanalytique est une autre forme d'aménagement du cadre, particulièrement fructueuse dans certaines de ces situations. Les sensations ressenties au niveau du corps sont alors utilisées comme médiation privilégiée de la cure.
Les psychothérapies d'inspiration cognitivo-comportementale prennent plus directement en considération les symptômes et le comportement alimentaire en cherchant moins à en aborder les significations inconscientes.

Des psychothérapies de groupe peuvent également être envisagées :
- les unes s'inscrivent dans le courant psychanalytique : groupes de parole, psychodrame de groupe (plusieurs patients sont reçus par une équipe) ;
- les autres dans le courant cognitivo-comportemental : les groupes sont alors centrés sur l'abord d'un comportement, anorexie ou, plus souvent, boulimie.

Les psychothérapies familiales représentent enfin une indication particulièrement utile dans certaines situations. C'est alors les modes d'interaction familiale qui sont explorés et traités. Le trouble alimentaire de la patiente est considéré comme le symptôme d'un dysfonctionnement familial. L'ensemble de la famille peut être concerné par cette psychothérapie. Des références à des théories plus systémiques (issues des théories de la communication) ou plus psychanalytiques différencient les équipes de thérapies familiales.

Cet exposé des différentes méthodes doit surtout permettre de comprendre la nécessité d'adapter le projet de soins à chaque situation particulière.
Le souci constant doit être celui de la cohérence globale de ce projet et de sa continuité. Il est le plus souvent utile d'en formaliser les objectifs par un contrat qui doit engager la patiente, la famille et les thérapeutes. Il est le plus souvent illusoire de penser qu'un intervenant isolé, quelle que soit sa qualité, pourra résoudre une situation aussi complexe. Contrat et travail en équipe doivent être les principaux repères de la stratégie de soins.

Hospitalisation

Pour bien situer la place de l'hospitalisation, il est important de préciser ce qu'elle n'est pas :
- ce n'est pas le seul traitement possible de l'anorexie mentale ;
- ce n'est pas une méthode plus radicale ou plus rapide dont on pourrait attendre des effets magiques et qui permettrait que tout recommence comme « avant » ;

– ce ne doit être ni une menace, ni une punition.

• *À quel moment penser à l'hospitalisation ?*

Le recours en urgence à l'hospitalisation ne devrait être qu'exceptionnel. Elle ne doit être considérée que comme une étape possible, parfois nécessaire, dans un projet de soins qu'elle ne saurait résumer à elle seule et dont elle ne devrait pas représenter le but en soi.

Les soins, répétons-le, doivent dans tous les cas possibles commencer en dehors de l'hôpital. Les principaux repères du projet ambulatoire seront ainsi clairement définis et conservés au-delà des éventuelles périodes d'hospitalisation. Un piège peut être constitué dans la formulation même du contrat ambulatoire s'il fixe un poids minimum entraînant l'hospitalisation. Cette proposition risque en effet de figer la situation ou même d'entraîner une évolution paradoxale ayant valeur de défi. Il est préférable d'exiger un mouvement de reprise de poids sans en préciser l'impor tance.

Dès ce moment, le contrat engage la patiente, ses deux parents et l'équipe de soins : si l'évolution confirme alors la nécessité d'une hospitalisation, il ne doit plus y avoir de tergiversations ni de négociations.

Certains critères de gravité définissant les risques de détresse vitale imposent malgré tout, dans des cas exceptionnels, une hospitalisation en urgence :

– un amaigrissement important, rapide, et brutal ;
– un épuisement physique reconnu par la patiente, réalisant un véritable tableau d'apathie, de prostration ;
– des troubles de la conscience et de la vigilance ;

– une hypotension artérielle importante, ainsi qu'un ralentissement important du rythme cardiaque (bradycardie) ;
– certains facteurs peuvent précipiter une décompensation aiguë au cours de l'anorexie mentale, tels que les séjours en altitude ou les climats extrêmes, les efforts physiques intenses, ou les maladies infectieuses intercurrentes (surtout si elles s'accompagnent de fièvre et de diarrhées).

Une évaluation, par un médecin, de ces différents critères cliniques, complétés par des bilans biologiques ou électrocardiographiques peut aboutir à l'indication d'une admission immédiate dans un service de soins intensifs et de réanimation.

• ***Que faire si elle ne veut pas ?***

Cette situation, qui est en fait la plus fréquente, met à l'épreuve la cohérence et la détermination des autres partenaires du contrat. Il faut savoir reconnaître, au-delà du refus farouche exprimé tant dans le discours que dans le comportement, une attente éperdue de limite qui n'est, malheureusement, parfois trouvée qu'au terme d'une dérive mettant en jeu le pronostic vital. La réponse à un tel comportement ne se contente pas toujours des mots, il faut parfois y associer des actes : prendre fermement l'enfant par la main, exercer parfois une certaine contrainte.

Majeure, ou mineure? Si cette question, et celle de la liberté individuelle, garde toute sa pertinence sur un plan médico-légal, il faut néanmoins la nuancer, quel que soit l'âge, au regard de l'immense situation de dépendance dans laquelle le comportement anorexique emprisonne la patiente.

Quand celle-ci est mineure, il va de soi que les parents doivent être les garants de la survie de leur enfant, avec l'aide des équipes de soins. Dans des cas extrêmes où ils pourraient ne pas être suffisamment convaincus ou convaincants en ce qui concerne la réalité d'un risque vital, ces équipes peuvent proposer ou imposer le recours à un juge pour enfant, comme dans toute situation d'un mineur en danger. Ce magistrat pourra alors confier la patiente à un service de soins par une ordonnance de placement provisoire. Quand elle est majeure, une procédure d'hospitalisation sous contrainte peut également être envisagée (hospitalisation sur demande d'un tiers, voire même hospitalisation d'office).
Ces procédures doivent être tout à fait exceptionnelles et ne se justifient que quand elles représentent, dans des situations gravissimes où la question de la survie immédiate est posée, la seule façon de poser une limite, d'exercer une contrainte si l'environnement familial est dans l'incapacité de le faire.

• *Quels sont les lieux possibles pour l'hospitalisation ?*

Selon le mode d'approche qu'il semblera utile de privilégier en fonction de chaque situation, des choix des familles et des orientations des équipes, différents lieux peuvent être envisagés dans le secteur public ou privé. Comme pour l'ensemble du projet de soins, il n'y a pas de réponse univoque ni de modèle unique d'hospitalisation. Le plus important reste la cohérence du cadre proposé, son adéquation aux objectifs proposés pour cette hospitalisation (chaque cadre ayant une certaine spécificité et donc des limites), et le repérage de la place de chacun des intervenants. Ces différentes formules d'hospitalisation pourront avoir des indications parfois successives et complémentaires au cours de l'évolution d'une situation.

- Les services de médecine, qu'ils soient de pédiatrie, de médecine pour adolescents, de médecine interne, de gastro-entérologie, de nutrition et métabolisme, offrent dans certains cas la possibilité d'un accueil et de soins dans une perspective essentiellement médicale. Il est alors important que la prise en considération des aspects psychologiques et familiaux de la situation se fasse dans un cadre défini sans ambiguïté.

Il faut considérer à part les services de réanimation dans lesquels les critères d'admission correspondent à la nécessité de pallier transitoirement les principales fonctions vitales et de surveiller les principales constantes assurant la survie.

- Les services de psychiatrie proposent, dans différents cadres, de prendre en compte de différentes façons, les intrications des facteurs psychologiques, somatiques et familiaux. Il peut s'agir de services de pédopsychiatrie, de psychiatrie pour adolescents, de psychiatrie pour adultes en hôpital général ou spécialisé ; certaines unités ont développé des programmes spécifiques de soins des troubles des conduites alimentaires.

Cette diversité de choix doit pouvoir permettre d'adapter chaque réponse à chaque situation et de faciliter la complémentarité des approches. Mais il est essentiel de sauvegarder la cohérence globale du projet de soins, sa continuité, et donc d'éviter les ruptures et les orientations contradictoires. Tout changement d'orientation ne doit être envisagé que dans le respect de cette continuité, de la cohérence des articulations, et donc avec l'accord des différentes équipes concernées.

• Comment se présente un projet d'hospitalisation en psychiatrie ?

« Qu'allez vous lui faire? »
Reconnaître l'intérêt de la diversité des méthodes a, pour corollaire, la nécessité d'admettre que chaque équipe utilise d'autant mieux la spécificité de son approche qu'elle aura pu correspondre aux particularités de la situation à traiter, et surtout qu'elle sera cohérente avec un certain nombre de références théoriques qui sous-tendent cette approche. Il n'est donc pas possible à une équipe engagée dans une orientation donnée de rendre compte de manière exhaustive et autorisée de toutes les modalités possibles de fonctionnement d'une hospitalisation. C'est pourquoi, tout en soulignant qu'il ne s'agit pas là de décrire un modèle exclusif, nous nous contenterons de décrire notre expérience dans le cadre d'une unité d'hospitalisation de psychiatrie pour adolescents fonctionnant dans une orientation psychodynamique.

« En quoi consiste le contrat de poids? »
Le projet d'hospitalisation est le plus souvent fondé sur un contrat plus ou moins formalisé définissant les objectifs de l'hospitalisation et engageant la patiente, sa famille et l'équipe de soins. Quand la conduite anorexique est au premier plan, il s'agit d'un contrat de poids.
L'hospitalisation est alors conçue comme une expé-

rience faisant se succéder deux étapes définies par :
- une période de séparation ;
- et une période de retrouvailles autour des repères de deux poids : le poids de séparation et le poids de sortie.

Aucun repère de temps n'est alors proposé pour définir la durée de cette expérience.

« Qu'est-ce que la séparation ? »

C'est une période pendant laquelle la patiente est séparée de son environnement habituel ; ni courrier, ni téléphone, ni sortie, ni visite, et donc aucun contact direct avec cet environnement. La famille aura pendant toute cette période des nouvelles par l'intermédiaire de l'équipe. Tout ce qui représente cet environnement, la scolarité, les livres, les objets familiers, sont délibérément laissés en dehors de l'hospitalisation.

Ce n'est pas un isolement : si les relations avec l'environnement habituel sont momentanément mises en suspens, la patiente est sollicitée pour entrer le plus possible en relation avec un nouvel environnement, l'équipe de soins et le groupe de patients. Ce n'est pas parce que la patiente ne voit pas ses parents qu'elle est isolée !

« Pourquoi la séparation ? »

Vivre une expérience de séparation, tant pour la famille que pour la patiente représente dans un certain nombre de cas la seule façon :
- de rétablir pour chacun les limites d'un espace psychique personnel, individualisé, sans intrusion, sans confusion ;
- de vérifier que chacun peut « vivre sans » l'autre et que cet autre ne disparaît pas ;

– de permettre qu'un tiers, représenté dans cette situation par une équipe dans toute sa diversité, puisse intervenir dans une relation duelle figée et que, par la multiplicité même des intervenants, des conflits de rivalité entre la famille et les soignants puissent être mieux tolérés.

L'institution, le service d'hospitalisation, ses murs, les différentes personnes qui composent son équipe, ne sont pas « meilleurs » que la maison et les parents, mais ils représentent le support nécessaire pour que se constitue cet espace psychique personnel à partir duquel un jeu relationnel va pouvoir se rétablir entre le dedans et le dehors, entre soi et les autres.

Découvrir cette possibilité de jeu dans un environnement radicalement différent, permettra le plus souvent de retrouver une relation différente et moins aliénante avec la famille.

« Que se passe-t-il pendant cette période de séparation ? Va-t-elle être examinée par un médecin somaticien ? »

Des soins intensifs sont souvent nécessaires pour pallier les conséquences de la dénutrition, soins de nursing et de maternage, rétablissement des principaux équilibres. Cette évaluation est assurée par un examen et un bilan somatiques attentifs. Ces soins infirmiers indispensables sont le support d'une relation très proche mais rendue tolérable par ses aspects techniques (surveillance du pouls, de la tension artérielle, massages, soins anti-escarres).

« Va-t-elle rester tout le temps dans son lit ? »

Le rétablissement des limites passe aussi par une attention particulière portée à la structuration du temps et de l'espace de l'hospitalisation :

– des temps de repos en chambre sont proposés, voire imposés ;
– des mesures visant à réduire l'importance des conséquences de certaines stratégies de contrôle du poids comme la potomanie, les vomissements, l'hyperactivité, sont mises en place avec fermeté ;
– dès que possible, des temps de rencontre et d'échanges avec l'équipe et les autres patients sont proposés : groupes de parole, participation à un certain nombre d'activités soutenues par des médiations en ergothérapie (dessin, modelage…).

« Comment allez-vous la faire manger ? »
La nécessité d'une aide à apporter à l'alimentation est évaluée et adaptée, pouvant aller :

– de la participation simple aux repas pris en commun avec une présence ou un regard plus ou moins proche des soignants ;
– à la proposition des repas sur un plateau qui pourra être pris soit en salle à manger, soit en chambre ;
– ou encore, dans des cas exceptionnels, à la mise en place d'une sonde de réalimentation.

« Quand sera-t-elle pesée ? »
Des pesées régulières, dont la fréquence habituelle est hebdomadaire, permettent de suivre l'évolution par rapport aux repères du contrat de poids et aux critères de gravité.

« Aura-t-elle une psychothérapie ? »
Des entretiens réguliers, au moins bihebdomadaires,

permettent à chaque patiente de faire le point de l'évolution de l'hospitalisation et d'explorer un certain nombre d'hypothèses susceptibles d'éclairer les difficultés psychologiques sous-jacentes au trouble des conduites alimentaires. Ces entretiens ne constituent pas une psychothérapie systématisée, mais peuvent être l'occasion d'un travail préliminaire à la mise en place ou à la reprise d'une psychothérapie si elle est jugée nécessaire.

« Allez-vous lui donner des médicaments/des drogues ? »
Il peut parfois paraître utile de proposer des traitements médicamenteux pour apaiser l'angoisse, la souffrance dépressive, ou favoriser la détente et le repos.

« Que ferez-vous pour les parents ? »
Les parents sont tenus régulièrement au courant de cette évolution lorsqu'ils le demandent par téléphone aux soignants. Cette relation avec l'équipe se développe aussi à l'occasion des échanges nécessaires des objets usuels et du linge de leur enfant.
Ils sont reçus en consultation pour faire le point et explorer, eux aussi, les différentes hypothèses permettant de comprendre la situation, et préparer la suite des projets de soins. Ils pourront parfois exprimer, à cette occasion, la demande d'une aide plus personnalisée.
Le groupe de parents est particulièrement utile dans cette période de l'hospitalisation.

« Et si cela ne marche pas ? »
Les limites de la séparation : il arrive, dans un certain

nombre de cas, que cette expérience révèle une intolérance radicale à toute séparation qui se manifeste par des signes de souffrance majeure de la patiente ou des parents. Cette intolérance, qui ne va pas de soi, mérite alors d'être mieux comprise.
Dans d'autres cas, au bout d'une longue période de séparation, la situation reste figée, comme enlisée.
L'équipe peut alors proposer d'aménager cette expérience et, tenant compte de cette intolérance ou de cette inefficacité, de rétablir des contacts sous une forme adaptée à chaque situation dans le but, avant tout, de réfléchir à ce qui transforme un instrument de soins habituellement utile en une souffrance ou une impasse.

« Comment allons-nous nous retrouver? »
La période des retrouvailles : quand le premier repère de poids a été atteint, les contacts sont peu à peu réaménagés avec la famille et l'environnement.
Ce sont d'abord le courrier, le téléphone, les visites, qui sont progressivement rétablis, puis des expériences de sorties hors de l'hôpital, pour quelques heures, puis pour un ou deux jours.
Les entretiens associent alors les parents et la patiente, et permettent de confronter leurs expériences vécues pendant cette séparation, de suivre l'évolution de leur relation à partir des retrouvailles, de poursuivre le travail d'élucidation de la difficulté relationnelle révélée par le trouble alimentaire et, enfin, de construire le projet de soins au-delà de l'hospitalisation.
Le travail de l'équipe consiste alors à accompagner ce mouvement du dedans de l'hospitalisation au dehors, en prenant garde de ne pas favoriser les mouvements

de fuite en avant et en veillant à ce que le travail de séparation d'avec l'institution puisse suffisamment s'élaborer.
Différents aménagements permettent, à partir de ce moment, une reprise de la scolarité ou des études à l'extérieur. Certaines autres activités culturelles ou sportives peuvent également être reprises.
Des contacts avec les différents intervenants du projet de soins ambulatoire ou de post-cure sont établis.

« Et la sortie? »
Le poids de sortie : quand la patiente a atteint ce deuxième repère du contrat, elle peut demander à sortir du service.
Mais elle peut aussi demander à poursuivre l'hospitalisation si les conditions ne semblent pas réunies pour que cette sortie se fasse le mieux possible. L'équipe pourra, pour les mêmes raisons, proposer cette prolongation mais elle ne pourra pas l'imposer.

• *Questions et craintes à propos de l'hospitalisation*

« Ma fille n'est pas folle, quel va être l'effet de ce séjour avec des patients « psychiatriques »? »
ou bien encore, ce qui est équivalent :
« La présence de toutes ces anorexiques ne va-t-elle pas aggraver les difficultés de notre fille? »

De fait, l'hospitalisation permet de confronter la patiente à un groupe de garçons et de filles de son âge qui ont en commun leur souffrance psychique. La prise en compte des inévitables effets de groupe est une composante essentielle du travail de soins institutionnels.

Chacun peut ainsi repérer ce qui le concerne personnellement au travers des différences de comportements répondant aux mêmes types d'angoisses, mais aussi en comprenant qu'un même comportement peut exprimer des conflits de différentes natures. Ce travail sur ce qui est semblable et ce qui est différent aide beaucoup au repérage des limites de la personnalité de chacun. Le risque invoqué de « contagion » illustre bien l'inquiétude liée à la fragilité des frontières entre les espaces psychiques de chacun.
La confrontation à l'autre, semblable ou différent, permet souvent l'ébauche d'une différenciation et une meilleure reconnaissance de ses propres troubles, jusque là déniés.

« La répétition de l'hospitalisation est-elle synonyme de rechute ? »
Il est parfois nécessaire que les hospitalisations se répètent. Notre expérience montre que cette répétition n'a aucune valeur prédictive quant au pronostic. Nous devons alors considérer que chaque séjour représente une nouvelle étape qui doit être considérée pour elle-même, et donc correspondre à des objectifs à chaque fois définis à la lumière des expériences précédentes. Il s'agit plus de moments évolutifs parfois utiles que de rechutes qui seraient assimilées à des échecs ou à des régressions.

- ***La séparation après l'hospitalisation***

« Et si l'on ne peut plus vivre ensemble ? »
Dans un certain nombre de cas, l'évaluation avant, pendant ou après l'hospitalisation, conduit à penser

qu'un aménagement de la distance relationnelle avec la famille représente une condition essentielle à la poursuite du projet de soins.
Différentes propositions peuvent être alors examinées, entre l'internat simple ou le foyer, et des institutions de post-cure, intégrant dans leur projet un encadrement médicopsychologique et pédagogique.

COMMENT LA FAMILLE PEUT-ELLE PARTICIPER AUX SOINS ?

Qui devrait participer ?

La philosophie du projet de soins pourrait être résumée par la formule suivante : « permettre à chacun de trouver ou retrouver la place qui lui revient ».
Mais la question « comment réagir? » ne peut pas ne pas se poser aussi aux autres membres de la famille. Les frères et sœurs, les grands-parents s'interrogent : « comment l'aider, quelle attitude adopter? » L'aide la plus utile va sans doute être – et cela n'est pas si simple – de rester dans des relations aussi naturelles que possibles. Il est très important, chacun restant dans son rôle et à sa place, de ne pas s'enfermer dans des attitudes et réactions faussées, entravées par l'idée permanente qu'il faut la traiter différemment « parce qu'elle est malade ». Dans cette crise, elle ne sait plus ce qu'elle souhaite ni ce qui est bon pour elle. Plus ses proches vont pouvoir réagir et « parler vrai », s'adresser à elle avec l'authenticité de leurs propres réactions sans craindre de trop « la blesser, lui faire du mal », plus elle va trouver auprès d'eux des repères fiables, et plus ils vont l'aider à redevenir elle-même.

Autour de l'enfant, ce sont tout d'abord les parents, la mère et le père, qui doivent être, au premier chef, concernés. Toute intervention dans le projet de soins des autres membres de la famille, que ce soient les grands-parents, les frères et sœurs, les oncles et tantes, les parrains et marraines, les amis, ne peut avoir de pertinence que si elle se fait dans un lien direct et clair avec les parents. Quelles que puissent être les bonnes intentions ou les incontestables inquiétudes qui sous-tendent ces éventuelles démarches, il faut savoir qu'elles peuvent avoir un effet négatif si elles se font « à la place », voire « malgré » les parents.

Il arrive souvent, quand se pose la question d'une séparation, que les grands-parents, les oncles et tantes ou les amis proposent d'accueillir chez eux la jeune fille. Le plus souvent, malheureusement, l'expérience n'aboutit qu'à une nouvelle impasse, tant il est difficile, pour tous ceux qui sont impliqués affectivement, d'intervenir avec une suffisante neutralité pour apaiser l'angoisse.

Quand il se trouve que l'un des membres de la famille ou de son environnement proche est un soignant, son rôle sera surtout de favoriser l'intervention d'un tiers soignant plus neutre, puis de lui laisser la place. L'évolution d'une anorexie dans une famille ne laisse évidemment personne indifférent. Il peut être utile à l'un de ses membres de faire, pour son propre compte, une démarche de soins. Il n'est pas rare dans le cours de l'évolution, quand la patiente anorexique va mieux, de voir apparaître chez un autre membre de sa famille des difficultés nécessitant un traitement. Mais il est important que le projet concernant l'anorexique soit soutenu et accompagné essentiellement par les parents. Dans un certain nombre de situations, ce projet associera les parents et les frères et les sœurs dans une approche familiale.

Pendant la prise en charge ambulatoire

La famille est « parvenue » enfin en consultation, parfois au terme d'un parcours compliqué, douloureux, où il lui a fallu, d'un côté, lutter contre le discours manifeste de leur fille, son hostilité, ses menaces de drames plus grands encore et, d'autres côtés, entendre les avis et conseils de l'entourage amical ou familial – avis souvent d'autant plus contradictoires et impérieux que l'anxiété de tous augmente – :

- *« vous n'êtes pas assez durs avec elle »;*
- *« elle est trop gâtée; si elle avait de vrais problèmes elle mangerait comme tout le monde »;*
- *« n'y faites pas attention, cela va se régler tout seul ».*

Conseils d'autant plus difficiles à utiliser qu'ils viennent entrer en résonance avec des questions, des mouvements intérieurs de culpabilité, de colère, de lassitude, de doute, d'envie d'éviter les conflits, chez les parents eux-mêmes.

Inquiétudes et doutes qui exacerbent ou font émerger des conflits ou des désaccords dans le couple parental lui-même; la capacité de conviction de la jeune fille est si forte qu'elle a souvent « réussi » à faire partager à certains de son entourage son déni de la maigreur, de la fatigue.

Certains parents sont secondairement perplexes, incrédules, en regardant des photos prises de leur fille dans la période d'amaigrissement extrême, d'avoir pu alors accepter qu'elle ne soit pas suivie ou qu'elle mette fin à une ou plusieurs tentatives de prise en charge sous des prétextes divers.

« Le psychiatre est trop silencieux, ne pose pas les bonnes questions. Elle se trouvait face à un mur... Alors on a accepté qu'elle ne soit pas suivie pendant des semaines, des mois. »

Les familles ont parfois, dans leur détresse, le sentiment de n'avoir pas été suffisamment – ou plus fermement – guidées par les médecins ; il faut savoir que le médecin, même si son rôle est essentiel, ne peut remplacer les parents dans leur décision d'imposer, s'il le faut, des soins à leur fille.

Cette prise en charge mise en place va souvent raviver l'anxiété, en même temps qu'elle soulage d'un fardeau. On va entendre ici, parfois pour la première fois, la longueur possible de l'évolution, sa gravité dans certains cas. Elle va aussi mettre à jour la difficulté pour les parents à se positionner, entre le recul nécessaire, pour laisser à leur fille l'espace de ses soins, de la psychothérapie, et la nécessité de rester garants des limites, de garder un accord suffisant avec les soins qui sont mis en place.

Les liens, le travail avec les familles semblent de plus en plus devoir être pris en compte, ce qui amène les médecins, les équipes soignantes, à proposer des prises en charge familiales :

– soit sous la forme de groupes de parents qui, avec la présence de thérapeutes, va permettre des échanges entre les parents et avec eux ;
– soit sous la forme de thérapies familiales, avec en général deux thérapeutes et l'ensemble de la famille, y compris les frères et sœurs. Cette formule est parfois difficile à accepter : *« Le petit frère, qui est*

déjà très perturbé par l'anorexie de sa sœur, aurait des choses à dire mais il ne veut pas venir et parler de crainte qu'elle ne lui en veuille ». « Dans ces séances, on aborde des problèmes – les problèmes professionnels de son père, dont on essayait jusqu'alors de la préserver – alors, ce déballage est-il nécessaire ? Ne serait-il pas préférable de ne parler de rien et surtout pas des problèmes ? »

• Et, là encore, la question se pose aux parents : comment l'aider ?

Devant cette situation actuelle alarmante, il est utile, après avoir aidé le suivi médical à se mettre en place, d'aider cette jeune fille à sortir de l'actuel, de ce présent si angoissant qu'il va avoir tendance à occulter non seulement l'avenir, mais aussi le passé.

Les entretiens familiaux, les groupes de parents, doivent pouvoir aider à « retrouver le temps », l'histoire, non seulement la sienne propre mais celle de la famille, afin de l'aider à pouvoir reprendre son chemin vers l'avenir.

L'aider, c'est aider en elle tout ce qui n'est pas anorexie : contrôle, maîtrise des émotions, des désirs, restrictions, arrêt du temps. C'est l'aider à exprimer autrement, c'est-à-dire d'abord avec des mots, ses angoisses, ses contradictions, ses désirs.

Le projet thérapeutique – dans lequel la famille est un élément agissant, non pas unique, causal, coupable, mais important – ce projet donc, ne peut être de l'aider à retrouver ce « rêve » très idéalisé de l'enfance, à redevenir comme avant ; il doit l'aider à passer ce cap de l'adolescence, à devenir la personne qu'elle va être après – en continuité bien sûr avec le passé –, mais en même temps différente dans l'avenir et, dans cet avenir, même si elle rencontre, comme chacun, des difficultés, à les exprimer autrement que par des actes. L'aider, c'est parvenir, et cela peut demander du temps, à se retrouver elle-même, à retrouver avec elle une confiance en ses capacités propres, à régler les problèmes, à faire et à vivre des choses difficiles et à la mesure de ses attentes et de ses exigences, autrement qu'en tentant désespérément de les gommer comme elle tente de gommer ces signes annonciateurs de sa vie de femme dans son corps.

L'aider pendant cette prise en charge ambulatoire, c'est cette négociation, complexe pour l'entourage, entre lui faire confiance, la croire, et l'on peut comprendre que ses parents en aient eu envie lorsqu'elle leur dit, maigre, pâle, mais souriante : *« je vais m'occuper de mes sœurs, vous pouvez sortir, tout va bien »*, et la découvrir en rentrant le soir lovée comme un bébé dans leur lit, n'ayant pas dormi et sans autre reproche que ses yeux trop grands.

L'aider c'est sans doute accepter de cette grande jeune fille, si mûre intellectuellement, qu'elle ait besoin de se blottir contre papa et maman devant la télévision pour faire des câlins, que souvent elle n'a pas demandés quand elle était enfant, et cela sans trop craindre une régression ; et en même temps, c'est exiger qu'elle retrouve, ou prenne tranquillement sa place, son lit, son espace corporel et affectif, sa liberté, qui ne peut – comme chacun sait – se prendre au détriment de celle des autres : sa mère, ses frères ou sœurs.

Ce qui est demandé là à la famille, qui est parfois difficile et long à mettre en place, c'est à la fois ne pas trop craindre les confrontations et les contacts, qu'ils soient agressifs, conflictuels ou tendres, parce qu'elle a besoin plus que jamais de repères, de soutiens, de limites, d'appuis, et à la fois de se retirer d'une certaine manière, de prendre du recul, de passer la main à l'équipe médicale, parce que l'intensité des liens, avec son excès d'agrippement anxieux devient, de par là même, une source d'aggravation.

Plus les parents sont inquiets et moins ils sont rassurants pour leur fille, et plus elle va aller vérifier par ses questions et provocations inconscientes leur avis, leur position, leur solidité.

Ce point sera exacerbé, bien que peu différent sur le fond, par l'âge de la jeune fille : *« elle est majeure »*, que faire ?

Cette question est aggravée souvent par le fait qu'elle se pose après quelques années d'évolution dans le statu quo : les troubles sont déjà anciens, et il semble à la famille de plus en plus difficile d'intervenir alors que la dépendance affective apparaît peu différente de celle d'une fille jeune.

Une réponse première et partielle nous est donnée par le législateur : *chacun doit assistance à toute personne en danger*, loi qui s'applique, ni plus, ni moins, mais de manière plus évidente encore lorsqu'il s'agit de parents et de leur enfant, tout majeur soit-il.

À côté de cet aspect légal, et sans vouloir le négliger, on peut aussi observer que – oui, elle a 18 ans, elle est intelligente, elle se revendique libre, autonome et en même temps, elle se montre plus que jamais dépendante affectivement et physiquement de ses parents ; soit dans une distance caricaturale : *« on ne peut plus la toucher, l'embrasser »*, soit dans une proximité physique excessive : *« elle est toujours à cinquante centimètres de moi »*.

Elle est plus dépendante que jamais dans sa fragilité même et a plus que jamais besoin de revendiquer sa liberté, mais comme souvent, surtout à l'adolescence, elle crie trop fort son autonomie pour qu'on la prenne au pied de la lettre.

Alors les parents sont là pour, bien sûr, la laisser décider de sa vie, si elle va bien ou mieux, si elle s'épanouit, si elle a l'air heureuse, et aussi pour s'opposer à cette liberté si elle en fait un usage négatif ; comme pour tout adolescent, anorexique ou pas.

Là encore, les groupes de parents peuvent sembler très utiles : la rencontre ou l'échange entre les familles – qui, à des moments différents et avec les particularités individuelles, ont rencontré des situations, des questions, des soucis, des angoisses un peu semblables – sont probablement irremplaçables, parfois l'occasion de rapprochement ou au contraire de différenciation, mais ont lieu entre des personnes qui, par leur expérience comparable, peuvent mutuellement s'apporter beaucoup.

D'autant plus que dans ces moments de vie si douloureux, la famille a souvent le sentiment d'être seule à connaître une telle difficulté, et qu'enfin ces groupes permettent une collaboration et des échanges plus faciles entre l'équipe médicale et les familles. Or, là aussi, il est fondamental de pouvoir parler des désaccords possibles, des doutes, des déceptions que les parents peuvent éprouver et que, là aussi, plus on en parle et plus on pourra éviter de passer à l'acte, c'est-à-dire : rompre le contact plutôt qu'aborder un désaccord, partir plutôt qu'exprimer sa déception ou sa colère.

Pendant l'hospitalisation

• *Que peut faire la famille?*

En général, cette décision est imposée par l'état somatique de la jeune fille qui, malgré la prise en charge ambulatoire mise en place, a montré qu'elle n'arrivait pas à aller mieux, à reprendre du poids.

Le moment est à la fois pénible, et parfois d'autant plus qu'il s'accompagne pour les parents d'un soulagement, et nécessaire : le pronostic vital est en jeu.

Dans la plupart des services hospitaliers, une mesure thérapeutique de séparation d'avec tous les milieux habituels, y compris donc la famille, est mise en place pendant un temps qui n'est pas fixé mais qui dépendra de l'évolution, en particulier pondérale.

Les parents risquent d'éprouver alors le sentiment de ne plus pouvoir rien faire pour leur fille, voire même ressentir cette mesure de séparation comme un signe de leur culpabilité. Or, ce n'est ni parce que la scolarité, la famille, les amis sont considérés comme toxiques que cette mesure de séparation est prise, mais pour aider la jeune fille à rompre avec l'usage négatif qu'elle faisait de ces différents investissements dans la période qui a précédé.

Ne « rien faire », passer la main, c'est pour les parents un soulagement et une douleur, une douleur d'autant plus vive que c'est en partie un soulagement.

Ne rien faire, du moins en apparence – alors que l'on aurait voulu souvent pouvoir tout faire pour elle, même et jusque et y compris l'impossible –, c'est probablement la chose la plus difficile.

On est inquiet, angoissé, on souffre, on essaie depuis des semaines, des mois, parfois plus, et puis voilà, on l'a « déposée » à l'hôpital, souvent dans une ambiance dramatique où elle vous a reproché jusqu'au dernier moment de ne pas lui faire confiance, de ne pas la laisser s'en sortir « toute seule ».

Et sûrement, cela n'est pas rien, quelle que soit l'évolution des points de vue et des mentalités – alors que l'on avait auprès de soi une fille qui, mise à part sa « folie » alimentaire, est intelligente, raisonnable –; cela n'est pas rien de la faire hospitaliser, et souvent contre son accord verbal, dans un service de psychiatrie. Même si, rationnellement, on sait que les souffrances organiques se traitent si nécessaire à l'hôpital dans différents services, et que les souffrances de l'âme se traitent en psychiatrie.

Alors, on est à la fois soulagé, on espère beaucoup, on veut faire confiance à cette équipe hospitalière qui l'accueille et la prend en charge, et à la fois on éprouve des doutes, aggravés ou renforcés parfois par les réactions de l'entourage, amical, familial, des grands-parents. Et puis soi-même, on se demande parfois si la proximité d'autres jeunes en difficultés, qu'ils soient anorexiques ou déprimés ou souffrent de troubles psychiques autres, ne va pas avoir une mauvaise influence, toxique, presque contagieuse sur sa propre fille; on oublie que, si elle est hospitalisée, c'est aussi parce que la vie dans ses milieux habituels, scolaire, amical, familial, n'était plus possible.

Alors, à ce point, et l'équipe hospitalière vous l'explique, il faut envisager non seulement une séparation, mais aussi une durée, un temps qui sera imprécis, indéterminé : son rythme, son temps à elle; il va falloir être patient, tenir dans la durée.

Et, à ce point, il va falloir supporter la séparation, supporter le recul, continuer la vie habituelle. Prendre du recul, la laisser se soigner loin de soi, et en même temps maintenir des liens avec l'équipe qui s'occupe d'elle : venir à l'hôpital, la savoir si proche et rencontrer sans elle, ses médecins, ses infirmiers, cela semble tout à fait important et en même temps difficile. Venir et participer à des entretiens à son sujet, que l'on peut vivre parfois comme une mise en question du rôle des parents alors qu'en même temps, il est évident que la collaboration entre les parents et l'équipe hospitalière est non seulement utile mais indispensable, souhaitable. Simplement, cela n'est pas si simple d'être à la fois très concernés et en recul.

Et plus on est dans le doute, dans la douleur de la séparation, plus on va avoir du mal à prendre du recul et à maintenir des liens avec l'équipe qui s'occupe d'elle. On a du mal, parce que cette séparation est douloureuse, à ne pas imaginer qu'elle est insupportable pour elle; plus on est dans le doute et plus on a du mal à utiliser les nouvelles qui sont données par téléphone ou directement par l'équipe soignante : « *on me dit qu'elle va bien, qu'elle s'adapte, mais j'ai du mal à ne pas l'imaginer malheureuse, seule, pleine de reproches à mon égard* ».

« *On me dit qu'elle est un peu isolée, triste, et j'ai du mal à ne pas penser que nous avons eu tort de l'hospitaliser, que c'est insupportable pour elle, qu'elle doit être, quoiqu'on en dise, trop seule sans moi, trop malheureuse.* »

« *Et puis, finalement, les nouvelles que l'on me donne d'elle sont-elles fiables ?* »

Alors, et toujours justement dans ces moments de doute, – alors que l'on a sérieusement, raisonnable-

ment, mis en place un contrat avec elle et son équipe soignante –, alors dans ces moments de doute, elle va venir vérifier, par différents procédés, que les contrats et les limites qui ont été posées par ses parents et les médecins devant elle, sont solides, fiables. Plus elle pressent une fragilité, plus elle va avoir besoin de vérifier : essayer de téléphoner, toujours en des termes alarmants, dramatiques ; essayer d'écrire, toujours en termes inquiétants ; voire, venir vérifier en fuguant la position des parents quant à l'hospitalisation.
Ces diverses attaques du cadre du contrat semblent toujours être liées à des doutes des parents eux-mêmes sur le bien fondé du contrat, de l'hospitalisation.

• ***Alors, comment l'aider ?***
En essayant de maintenir autour d'elle une cohérence. Dans cette période de tempête intérieure si grave qu'elle traverse, il semble plus indispensable que jamais qu'une cohérence soit tenue sur les points essentiels, d'abord entre les parents, et ensuite entre les parents et l'équipe soignante.
Plus la tempête est forte et plus il est vital de maintenir le cap qui a été choisi, décidé.
Alors qu'elle-même ne sait plus ce qu'elle veut, ce qu'elle aime, si elle a faim ou pas, si elle souhaite avancer dans sa vie ou tout arrêter, que, dans la panique de l'angoisse qu'elle traverse, elle va tenter de faire prendre des décisions contradictoires dans l'urgence, il est tout à fait essentiel de prendre du recul ; l'urgence fait disparaître le passé, la continuité et, par là même, l'avenir.
L'hospitalisation doit pouvoir permettre de retrouver le temps, l'histoire que l'on a reconstruite avec les

entretiens : famille, équipe soignante, les groupes de parents et tout ce travail complexe qu'elle mène de son côté, mais qui ne peut être occulté par la famille, sur l'avant/l'après, la dépendance affective et l'autonomie, la séparation et les retrouvailles.

• ***Se retrouver***

Cette étape suscite, du côté de la jeune fille comme des parents, de grandes inquiétudes.

« *Elle ne nous pardonnera pas de l'avoir fait hospitaliser...* »

« *Mes parents vont-ils supporter que je puisse aller mieux à l'hôpital alors que je les ai tellement fait souffrir auparavant ?* »

« *Elle va avoir changé et nous ne retrouverons plus notre fille...* »

« *Elle va nous en vouloir d'avoir vécu en famille sans elle,...* »

Le changement est à la fois souhaité, attendu, et en même temps craint, vécu comme une menace de perte.

De manière intense et qui peut être déconcertante, on va être à la fois très désireux de se revoir et en même temps inquiets, ce qui va se traduire souvent chez la patiente dans un « jeu de yo-yo » autour du poids de fin de période de séparation ou de fin d'hospitalisation ; et cela parfois pendant plusieurs semaines, et à quelques cent grammes près.

La sortie de l'hospitalisation

Terme tant souhaité et tant craint : « *toutes les difficultés ne vont-elles pas resurgir ?* », et cette anxiété

même, ressentie par l'ensemble de la famille, reste un facteur aggravant, à tel point qu'il va être utile, voire indispensable dans un certain nombre de cas, de mettre en place une solution de transition entre l'hospitalisation et le retour à la maison.
La reprise de contact avec la famille, les frères et sœurs, si elle s'accompagne d'une tension anxieuse trop grande, va parfois faire surgir une reprise des troubles du comportement.
Les solutions de transition seront alors proposées, éventuellement dans un internat médicalisé qui permette une reprise scolaire et un lien avec la famille progressif, aménagé d'entretiens familiaux.

POURQUOI UNE ANOREXIE DANS NOTRE FAMILLE ?

Le souci de comprendre, c'est-à-dire de s'éloigner de l'urgence du présent lorsque cela devient possible, amène à s'interroger sur le passé non seulement de la jeune fille elle-même mais de son environnement.

Les parents

« Est-ce notre faute? » est très certainement la plus mauvaise manière de poser la question. Deux pièges sont aussi redoutables pour les parents : celui qui consiste à croire qu'ils peuvent tout faire pour leur enfant, et celui, à l'inverse, qui les amène à penser qu'ils ne peuvent rien faire, que leur fille peut tout si elle veut, ou encore les médecins.
La culpabilité n'est qu'une des formes de la première proposition : en effet, *« si je suis coupable, si ce qui*

arrive vient par ma faute, alors je peux penser que moi seul détient la solution ».
Mais la deuxième n'est souvent qu'une façon de se défendre de la première. C'est elle qui peut amener les parents à rechercher désespérément une origine organique, virale, infectieuse, métabolique, hormonale, ... (mais la boucle se referme quand surgit l'hypothèse génétique !).
Mères et pères oscillent ainsi entre des positions extrêmes (et, comme bien souvent, les extrêmes se recouvrent), sans que l'on puisse décrire de « profil type de parents d'anorexique ».

• *Les mères*

Certaines sont trop proches de leur fille, « surprotectrices », « fusionnelles ». Elles ne parviennent pas à différencier leurs pensées, leurs émotions, leurs angoisses de celle de leur enfant. Elles éprouvent les plus grandes difficultés à s'en séparer. Il est fréquent qu'elles-mêmes aient connu à l'adolescence, ou connaissent encore, des préoccupations pour leur poids.
D'autres semblent très froides, très distantes. Elles ont voulu très tôt que leur fille soit « autonome ».
Consciemment ou non, les unes comme les autres peuvent ressentir une certaine difficulté à voir leur fille devenir une jeune femme qui pourrait, comme elles, séduire les hommes, et bientôt avoir un enfant. Face à cette possible rivalité, les unes se présentent comme exactement semblables à leur fille, comme une copine, une sœur jumelle, portant les mêmes tenues, la même coiffure ; les autres cèdent complètement la place, restent en retrait, et laissent leur fille occuper

la cuisine ou accompagner leur mari dans ses voyages d'affaires ou ses activités de loisir.

• *Les pères*

Ils naviguent, eux aussi, entre des positions qui sont à la fois opposées et équivalentes : certains sont extrêmement proches de leur fille, soit à la manière d'une mère, soit dans une relation plus trouble qui peut apparaître comme trop érotisée. C'est qu'il n'est pas facile, quand la petite grandit, de continuer à l'asseoir sur les genoux… Elle-même, d'ailleurs, peut tout à la fois rechercher ce contact tendre et maintenir au contraire à distance ce père qu'elle trouve brusquement trop dégoûtant (*« il a les ongles sales et fait du bruit en mangeant sa soupe ! »*).

Malgré tout, des pères se prêtent au jeu et risquent d'entretenir le malaise d'une relation trop ambiguë.

Leur fille évoque pour eux une image rajeunie de la femme qu'ils ont aimée, ou de leur mère jeune (faut-il comprendre par ce report dans le passé le surnom que son père donnait à Charlotte : *« ma Plus que parfaite ! »*), ou encore de la femme que tout homme porte en lui, celle qu'il aurait pu être.

Pour certains, ces différentes images de femme sont si inquiétantes, qu'ils prennent d'un coup une très grande distance, disparaissent de la scène ou deviennent très froids.

La maladie de leur fille a pour effet de les rappeler, ne serait-ce que par l'inquiétude qu'elle provoque.

La résultante de ces différents mouvements est peut-être illustrée par le tableau suivant :

Amandine, âgée de 18 ans, ne peut plus dormir seule

et vient donc tous les soirs s'installer dans le lit entre ses parents. Ce n'est qu'à cette place qu'elle accepte d'entrouvrir la bouche pour qu'on lui propose une petite cuillerée de yaourt. Elle s'endort là, et souvent son père, ou parfois sa mère, se lève pour aller dormir dans son lit laissé vacant.

Cet exemple est un peu comme l'illustration caricaturale de la difficulté dans laquelle peuvent se trouver les parents. Elle va mal, elle demande une place, mais la réponse apportée exclut un parent, comme si elle ne pouvait être là qu'en séparant le couple ; ce que probablement elle va se faire payer en accentuant sa maigreur, comme pour réduire encore la « place » corporelle qu'elle occupe.
Il est sans doute essentiel dans ces situations que chacun des parents puisse aider à maintenir ou faciliter les liens avec l'autre. Plutôt qu'une juxtaposition de relations à deux, il faut tenter de préserver la place de chacun, les liens de la jeune fille avec l'un et avec l'autre de ses parents.

Frères et sœurs

Une question est souvent posée par les familles : pourquoi cette enfant-là ?
L'aînée, l'enfant unique, la cadette, la dernière, la deuxième fille, sont-elles plus menacées ?
Rien, sur le plan des études qui ont été faites, ne permet de désigner une de ces situations comme plus exposée.
Cela ne supprime en rien la particularité de chaque cas.

– Hélène est l'aînée de deux filles ; à sa naissance, sa mère se sentait peu prête à être mère pour des raisons qui, probablement, la ramènent à sa propre histoire. Elle a eu sans doute une difficulté à s'autoriser à materner cette première enfant ; elle en parle pendant l'anorexie d'Hélène, se souvenant de la différence entre cette première naissance et la seconde, quelques années plus tard, qu'elle accueille avec plaisir, tranquillité. Que cette différence ait amené une relation autre avec Hélène qu'avec sa sœur... vraisemblablement ; la culpabilité qui peut naître de cette prise de conscience va sans doute compliquer les relations mère/fille, alourdies qu'elles sont d'anxiété, de crainte de mal faire ou d'avoir mal fait.

– La mère de Carine évoque sa propre mère comme une femme rude, peu affective, dénonçant auprès de sa fille la responsabilité de la naissance de celle-ci dans un lien de couple qu'elle dit n'avoir pas souhaité : « j'ai été obligée de me marier avec ton père et de vivre avec lui que je n'aimais pas ». La mère de Carine se souvient de l'angoisse dans laquelle elle a vécu la naissance de sa première fille, accentuée par l'isolement dans une région lointaine, de ses origines, de sa famille, de ses amis, aggravée aussi par des conditions hospitalières et médicales précaires, et enfin sans doute vécue par elle comme une façon insupportable de braver la position énoncée par sa propre mère quant à la maternité. Carine lui a toujours fait peur, dit-elle, comme si cette enfant portait en elle le danger de faire revivre le jugement ou la malédiction de sa grand-mère maternelle. Cela ne sera que dans les naissances des frères et sœurs que

la mère de Carine pourra trouver un rôle de mère plus tranquille, moins culpabilisée.

Les parents, en particulier dans ces périodes d'inquiétude et de difficultés, vont souvent vivre les différences existant dans leur relation à leurs enfants comme coupables : *« nous avons pourtant élevé et aimé nos enfants tous de la même manière »*, comme s'il n'était pas naturel que chaque naissance, chaque enfant trouve les parents à des moments particuliers de leur vie professionnelle, de leur vie de couple, de leur relation avec leurs propres parents.
Alors, n'est-il pas important surtout de penser que chaque place dans une famille, dans une fratrie, peut avoir ses avantages, ses fragilités, son revers? Tout enfant a envie d'être préféré et, s'il est préféré de l'un ou l'autre de ses parents, cela peut être à la fois et parfois, selon les moments, une source de bonheur ou de souffrance. L'enfant préféré, idéalisé, va être aussi porteur d'attentes qui, selon sa personnalité et les moments de vie qu'il traverse, vont tantôt le soutenir, l'aider à réussir, tantôt être une charge.
Être enfant dans une famille nombreuse va sans doute poser de manière plus vive la question de la place de chacun. Être enfant unique va écarter les rivalités fraternelles et en même temps pouvoir faire peser plus lourd le lien, les attentes des parents.

– Eléonore ressemble physiquement et de sensibilité à son père ; elle a une sœur aînée qui a longtemps été pour elle un modèle vénéré et craint, car autoritaire et un peu écrasante, et une petite sœur plus à distance des aînées. Elle passe une enfance apparemment

sans problème, un peu à l'ombre de l'aînée qui, comme toute ombre, la protège et l'efface un peu. À la fin de l'enfance, des ruptures amicales l'ébranlent, la font souffrir, ce qu'elle va tenter de compenser en se liant avec une autre amie qui l'entraîne dans des petits larcins. Sa mère le découvre, la punit sévèrement, ce qui, dans cette période de fragilité, l'écrase ; elle se met alors à se faire des reproches constants, à se sentir coupable de sentiments négatifs...
L'anorexie se mettra en place, sur ce fond de culpabilité, à l'approche de l'adolescence. Elle ne se sent plus autorisée à être l'enfant préférée de son père ; elle s'isole, se déprime, régresse, se sent très coupable à l'égard de sa mère auprès de qui elle veut se blottir pour dormir.

– Ève est une enfant unique, née d'un couple dont la mère reste endeuillée de la disparition tragique d'un premier fiancé ; Ève est une enfant très belle, réservée, sensible, parfaite en classe et à la maison. Elle est scolarisée dans un établissement religieux, en uniforme jusqu'en classe de troisième ; à sa demande, elle va alors changer de cadre pour entrer en seconde dans un lycée mixte où elle va vivre quelques mois dans un sentiment de liberté et de bonheur intense mais angoissant. Elle perd ses repères en même temps que l'adolescence la transforme ; elle est très belle, très courtisée – et, là aussi, elle se sent sans repères, sans protections. Elle s'invente, auprès de ses nouveaux amis, des parents sévères, interdicteurs, qui ne vont pas suffire à la rassurer. Elle qui est passée brutalement d'une enfance rangée un peu craintive, protégée dans son uniforme bleu foncé/bleu pâle, à une adolescence épa-

nouie, colorée, exposée, va brutalement se réfugier dans l'anorexie. C'est une grande jeune fille maigre, toujours très jolie mais habillée en noir, qui va venir, accompagnée de sa mère, à une consultation, en deuil un peu comme sa mère porte depuis sa naissance le deuil de ce fiancé mort et idéalisé. Ève a peu à peu abandonné les joies et les envies nouvelles de l'adolescence en même temps qu'elle n'a plus été en mesure de conserver, ou de s'autoriser à garder les liens nombreux avec un père avec qui, enfant, elle avait passé de longues heures dans une activité sportive commune.

Cela peut n'être pas simple d'être une enfant unique et idéalisée, mais on ne peut en même temps trouver là l'explication univoque et causale d'une difficulté à l'adolescence.

Grand-mères

Il n'est pas rare que, dans les difficultés que rencontrent les parents avec leur fille adolescente, soient réactivées des difficultés vécues dans leur propre histoire avec parfois leurs propres parents.
Ce peut être avec une grand-mère, dont certains traits de caractère, de personnalité vont être reconnus, retrouvés, ou projetés chez la jeune fille ou avec qui les liens ont été particulièrement intenses et privilégiés dans l'enfance.

• ***Quelques grand-mères***

Babeth est une petite fille qui a toujours eu beaucoup de mal à quitter ses parents. Les crises d'angoisse tous les soirs avant de dormir, tous les matins avant de partir pour l'école, et avant chaque voyage, ont accompagné toute son enfance. L'été de sa douzième année, sa cousine lui révèle que leur jolie grand-mère, depuis six ans divorcée, a décidé de quitter la région avec son nouveau compagnon. Babeth adore cette grand-mère qui l'a si souvent gardée et est pour elle comme une deuxième maman. Elle est si élégante, si soignée, si attentive à sa ligne, alors que maman, il faut bien le dire, se laisse un peu aller... Babeth obtient de sa grand-mère une confirmation de ce projet secret, n'en dit rien à personne, et perd dix kilos en deux mois.

Artémise, elle aussi, a une grand-mère volage. C'est de toutes les petites filles celle qui lui ressemble le plus. Que de jours, que de mois d'été ont-elles passés ensemble ! Mais un jour, brutalement cette grand-mère a rompu complètement tous les liens avec sa famille pour entrer dans une secte...

La grand-mère d'Aïcha est, aux dires de sa petite fille, la reine des anorexiques de son pays ! Aïcha n'a pas tardé à prouver aux équipes de plusieurs capitales qu'elle était de taille à relever le défi...

L'histoire de Sidonie est encore plus tragique. Sa mère, abandonnée par des parents trop occupés, a été recueillie par une tante qu'elle a quittée le plus tôt qu'elle a pu pour épouser le père de Sidonie. Celui-ci a souffert toute son enfance d'une rumeur qui faisait de lui un bâtard, né d'une liaison de sa mère avec un soldat allemand pendant l'occupation. Son lien avec cette femme qui allait devenir la grand-mère de Sidonie est resté particulièrement proche. Les souvenirs les plus chauds de la petite fille sont les confitures et le pain chaud des goûters de sa grand-mère, alors qu'elle a toujours pensé que sa propre mère lui préférait un frère aîné. Mais un jour, décharnée par une longue maladie, refusant des soins devenus inutiles, cette femme est venue mourir entre les bras de sa belle-fille, sous les yeux de Sidonie. Et c'est là, sur le même canapé, que se réfugie Sidonie quelques années plus tard, dans un état de cachexie extrême et refusant désespérément d'être hospitalisée.

La question n'étant pas, de nouveau, de trouver des responsables, des coupables, mais de pouvoir donner un sens, comprendre afin de mieux réussir à délimiter le rôle, l'espace, la place de chacun dans l'histoire familiale ; les entretiens familiaux pourront, là aussi, être utilisés.

Généalogie de l'anorexie ?

• *En amont : les parents et grands-parents*

Il n'est pas rare de découvrir, au décours des souvenirs, d'une psychothérapie, et parfois un peu à distance de la période d'anorexie proprement dite, une interrogation sur les préoccupations alimentaires et corporelles des générations précédentes.

Elsa va mieux, elle poursuit avec intérêt et succès des études médicales. Depuis sa petite enfance, elle a été très entourée par des parents attentifs. Son regard sur certains traits de son enfance est devenu un peu différent.

Elle a découvert peu à peu un rapport particulier à

l'alimentation et à son propre corps, chez sa mère en particulier. Elsa ne mangeait dans son enfance aucun bonbon ou friandise, ou alors en cachette de Maman ; ses petits déjeuners étaient constitués de choses « saines », fruits, yaourts, jamais de tartines. Elsa, qui était une enfant brillante et musicienne, allait chaque année en « colonie musicale » : elle se souvient que Maman la pesait avant et après, chaque fois très soucieuse de vérifier qu'Elsa n'avait pas grossi... En fait, c'était parfois le cas, car Elsa découvrait avec bonheur, en plus du plaisir musical, celui des petits déjeuners avec des tartines, pain, beurre, confiture, dont la rareté les rendait pour elle encore plus délicieux.
Maman la pesait au retour et semblait très contrariée si Elsa avait un peu grossi.
Plus tard, alors qu'elle vivait le bonheur nouveau d'une première relation amoureuse, et que les troubles anorexiques faisaient pour elle partie du passé, elle parle à sa mère, qui reste une confidente amicale et privilégiée, d'un projet de week-end en amoureux au bord de la mer; c'est la première fois, elle est émue et contente.
Au retour de ce séjour, elle retrouve sa mère dont elle attend quelque intérêt, des questions... et elle « s'effondre » intérieurement (car elle est restée très sensible aux conflits possibles avec sa mère) en entendant celle-ci, un peu tendue, inquiète, lui tâtant le bras, lui demander anxieuse : « alors, est-ce que tu as mangé? ».
Elsa pense alors que – ce qui ne lui était jamais venu à l'esprit – peut-être sa mère, femme toujours mince, a des troubles alimentaires. L'anorexie d'Elsa avait commencé quand, vers 13 ans, elle avait dû porter

un corset dont sa mère vérifiait très attentivement le port. Ses premiers souvenirs d'amaigrissement se situent dans le plaisir qu'elle éprouve à se sentir bouger à l'intérieur de ce corset après avoir commencé à réduire son alimentation.
Plus tard, alors qu'elle va tout à fait bien, qu'elle fait des projets de vie de femme, une inquiétude se formule en elle sur la mère qu'elle va pouvoir être, comme si, alors qu'elle sait bien sûr qu'il ne s'agit pas de génétique, elle craignait la transmission, de génération en génération, des troubles alimentaires.

À la naissance de Claire la famille est endeuillée par la disparition de son grand-père maternel qui déprime beaucoup sa mère, laquelle va, « pour la consoler » de sa douloureuse solitude, confier Claire à sa propre mère.
À l'adolescence, Claire aura non seulement à s'autonomiser par rapport à ses parents mais aussi, et surtout, à sa grand-mère qui reste une personnalité angoissée, sombre, et qui va accepter difficilement le débat d'une prise de distance de sa petite-fille.

• *En aval : les enfants de l'anorexie*
Cette question de la maternité future est fréquemment posée par les parents et la jeune fille elle-même.
L'amélioration, la guérison de l'épisode, quelle que soit dans certains cas sa durée, amène un nombre de ces jeunes femmes à poursuivre normalement le cours de leur vie, y compris bien sûr en devenant mères de famille.
Par ailleurs, les progrès considérables des traitements de la stérilité permettent actuellement d'obtenir des

grossesses en dépit de déséquilibres hormonaux qui peuvent être les séquelles d'anorexies partiellement améliorées, voire même le témoin de troubles encore sévères du comportement alimentaire. Le lien n'est pas toujours fait alors entre une aménorrhée, une absence d'ovulation et l'anorexie mentale. Même dans le cas où il serait fait, il peut être délicat de ne pas répondre alors que techniquement on le peut, à un désir d'enfant exprimé, en interprétant le blocage fonctionnel des sécrétions hormonales comme l'expression d'une ambivalence. C'est ainsi qu'un nombre de plus en plus grand de mères ont souffert ou souffrent encore d'anorexie mentale.

Pour certaines, la grossesse, l'accouchement, puis la maternité, vont être l'occasion de revivre des angoisses qui pourront s'exprimer de nouveau par des troubles alimentaires. Surtout, il n'est pas rare qu'au travers des processus complexes d'identification de la mère à l'enfant, elles craignent pour lui tous les dangers qu'elles attribuent à l'alimentation, et qu'elles soumettent le bébé au « régime » de leur propre angoisse. Il pourra alors être utile de leur proposer une psychothérapie, voire même dans certains cas de demander l'aide d'équipes spécialisées dans des soins « mère-enfant ». C'est ainsi que l'on peut voir, et que l'on verra sans doute de plus en plus, se succéder des générations de mères en filles anorexiques, et qu'apparaissent alors ces figures des grand-mères.

CONCLUSION

De « vivre avec une anorexique » à « vivre sans l'anorexie mentale », le chemin est le plus souvent difficile. Quand on a compris que les enjeux de cette aventure ne se situent pas au fond des assiettes, un long travail est encore nécessaire pour dénouer les liens de dépendance étroite qui ligotent les parents et les enfants. L'évolution n'est que rarement linéaire et passe par des oscillations et des crises.

L'anorexie mentale est un trouble du comportement alimentaire dont les conséquences peuvent être graves, autant à court terme pour le pronostic vital qu'à plus long terme pour toute l'organisation de la vie relationnelle de la jeune fille. Elle réalise une lutte acharnée contre de violents appétits de vivre, dont témoigne son autre versant comportemental, la boulimie. Ce trouble est essentiellement l'expression de conflits psychiques dont une part revient à la patiente et une autre à son environnement familial. Tout projet de soins impliquera nécessairement la famille tout autant que la jeune fille. Différentes approches peuvent être proposées et pourront, pour chaque situation, être articulées de manière spécifique. Ces soins seront le plus souvent organisés à partir de consultations. L'hospitalisation n'est que l'une des réponses possibles dans certaines situations et ne constitue alors qu'une étape du projet.

La continuité, la cohérence du projet de soins et surtout une alliance avec les différents soignants, représentent les conditions indispensables à la guérison. Une meilleure compréhension de ce qu'est l'anorexie mentale devrait permettre à chacun des acteurs de cette situation, les parents, les amis, les professeurs, les médecins, de vivre avec l'anorexique de telle façon qu'un jour, chacun puisse sortir du piège et vivre plus libre, plus « léger », libéré des lourdes contraintes qu'elle fait peser sur tous ceux qui l'approchent.

La question n'est pas de résoudre les conflits ou de les supprimer mais au contraire de les reconnaître et de les exprimer autrement que par des actes ou des comportements. Il faut peu à peu pouvoir tolérer les différences et trouver les compromis. Mais il n'est pas si facile d'accepter que l'autre, son enfant, puisse avoir une existence propre, différente de celle que l'on avait pu rêver pour lui et vivre sans nous une vie à distance. L'anorexie mentale n'est que l'une des façons de ne pas achever le « travail » de l'adolescence qui devrait amener les parents et les enfants à continuer à vivre une relation adulte. Mais combien d'adultes deviennent parents avant d'avoir pu se dégager des lourdes chaînes des dépendances infantiles qui les lient à leurs propres parents, à leurs conjoints, et à leurs propres enfants ?

Le traitement de l'anorexie mentale suppose que chacun soit prêt, enfants, parents et soignants, à s'interroger tout au long de l'évolution sur son propre rôle dans la situation.

Il n'y a pas de recette, pas de méthode unique ni miraculeuse. Parler et penser plutôt qu'agir, tolérer et rechercher l'intervention des tiers permettant de maintenir des ouvertures, ne pas confondre différences et incohérences, ou conflit et rupture, maintenir la vie, le mouvement, même si cela implique la lutte, pourraient être les grandes orientations de la démarche.

Mais on peut voir là combien ces aspirations peuvent être éloignées de certaines dérives de nos sociétés modernes qui privilégient l'action, la performance, ce qui se mesure, ce qui se voit, et qui préfèrent l'uniformité à la coexistence des différences.

Les anorexiques nous imposent peut-être à tous, comme à elles-mêmes, d'apprendre à vivre autrement pour ne pas mourir !

BIBLIOGRAPHIE

De nombreux auteurs ont traité de l'anorexie mentale et des troubles du comportement alimentaire. Certains ouvrages proposent des approches théoriques ou thérapeutiques, d'autres sont plutôt des témoignages, plus ou moins romancés, du parcours de certaines anorexiques et de leur famille ; certains films illustrent enfin, à leur manière, ces situations. Nous ne proposerons ici que quelques-unes de ces références.

OUVRAGES TECHNIQUES :

Psychopathologie de l'anorexie mentale,
Brusset Bernard, 1998, Dunod.
Parcours thérapeutique d'une anorexique,
Richard Bernard, 1997, Expansion.
La Faim et le corps,
Kestemberg Evelyne, 1994, PUF.
L'Anorexie mentale,
Jeammet Philippe, 1985, Doin.

ROMANS ET TÉMOIGNAGES :

Histoires de bouches,
Chatelet Noëlle, 1988, Gallimard.
Petite,
Brisac Geneviève, 1996, Seuil.
Maigrir à en mourir,
Noblet Dorothée, 1996, Édition 1.
L'Enfant plume,
Teisson Janine, 1997, Nil.

FILMS :

Un étrange voyage,
Cavalier Alain.
Eatings, ou la dernière tentation des femmes,
Jaglon Henri, 1990.
Danse avec la vie,
(avec Patrick Dupont), téléfilm.

GLOSSAIRE

Aménorrhée

Arrêt des règles.

Anorexie mentale

Contrairement à la définition habituelle, l'anorexie mentale n'est pas une perte de l'appétit, mais un refus de s'alimenter.

Anorexigène

Drogue (le plus souvent de type amphétamine) destinée à supprimer la sensation de faim.

Antidépresseur

Médicament destiné à traiter un syndrome dépressif parfois associé à l'anorexie mentale.

Anxiolytique

Médicament destiné à soulager l'angoisse.

Boulimie

Besoin incoercible d'ingurgiter de grandes quantités de nourriture.

Diurétique
Médicament augmentant l'élimination de l'eau et des sels minéraux, parfois dangereusement détourné de son usage dans une stratégie de contrôle de poids.

Hospitalisation d'office (HO)
Hospitalisation réalisée sous contrainte contre l'avis du patient, à la demande du Procureur de la République sur avis des médecins, dans les cas de danger vital.

Hospitalisation sur demande d'un tiers (HDT)
Hospitalisation réalisée sous contrainte contre l'avis du patient, à la demande de l'entourage, sur avis des médecins, dans les cas de danger vital.

Hyperactivité
Besoin incoercible de se livrer à une activité motrice dans un but de dépense énergétique mais aussi de lutte contre l'angoisse.

Hypokaliémie
Baisse du taux de potassium dans le sang traduisant un important déséquilibre métabolique qui peut entraîner de graves et brutales complications cardiaques.

Hypotension artérielle
Baisse de la pression du sang dans les artères pouvant annoncer de graves complications somatiques.

Isolement
Technique de traitement rarement utilisée actuellement, qui consiste à placer un patient dans un cadre

le plus possible protégé des stimulations de l'environnement considérées comme trop excitantes (à ne pas confondre avec la séparation).

Kleptomanie

Besoin irrépressible de voler, parfois de la nourriture, parfois de l'argent, parfois n'importe quoi. Ce symptôme, souvent lié à la boulimie, peut émailler l'évolution de l'anorexie mentale.

Laxatif

Médicament destiné à traiter la constipation mais qui, détourné de cet usage, pour provoquer des « purges » dans une stratégie de contrôle de poids, risque d'aggraver les déséquilibres métaboliques et de provoquer des lésions intestinales.

Neuroleptique

Médicament psychotrope parfois prescrit dans le cas d'anorexies mentales pour favoriser une sédation dans les cas d'hyperactivité ou d'angoisses débordantes.

Ostéoporose

Diminution de la densité osseuse liée à la dénutrition et pouvant à la longue être à l'origine de fractures pathologiques.

Phobie

Peur irrationnelle dans son ampleur, d'un objet, d'un animal ou d'une situation dont l'évitement peut calmer l'angoisse, et en même temps, si elle porte sur un investissement important, peut amener à un handicap majeur pour le sujet : par exemple, la phobie scolaire.

Potomanie
Besoin irrépressible de boire de très grandes quantités de liquide (le plus souvent de l'eau). Ce trouble peut être à l'origine de très graves déséquilibres métaboliques.

Psychanalyse
Nom donné par Freud à :
- un procédé pour l'investigation de processus mentaux inconscients ;
- une méthode psychothérapique fondée sur cette investigation ;
- un ensemble de théories psychologiques acquises par ce moyen.

Psychanalyste
Psychothérapeute, médecin ou non médecin, formé à l'exercice de la psychanalyse.

Psychiatre
Médecin spécialisé en psychiatrie (les pédo-psychiatres sont plus spécifiquement formés aux traitements des enfants).

Psychiatrie
Spécialité médicale consacrée aux maladies mentales.

Psychologue
Clinicien diplômé en psychologie.

Psychothérapeute
Personne (médecin ou non médecin, psychanalyste ou non psychanalyste) qui soigne par des méthodes s'adressant au psychisme.

Psychothérapie
Toute méthode de soins des désordres psychiques ou corporels utilisant des moyens psychologiques.

Sadomasochisme
Mode de relation associant de manière complexe un certain plaisir tiré de la souffrance que l'on s'inflige et que l'on fait ressentir à l'autre.

Séparation
Méthode de soins qui consiste à mettre un patient à distance de son environnement habituel, de telle manière qu'un autre mode de relation avec des partenaires différents puisse être expérimenté pendant un certain temps (à ne pas confondre avec isolement).

TABLE DES MATIÈRES